# Ligados.com

# Geografia 4

**Angela Rama**
Mestre em Geografia pela Universidade de São Paulo (USP)
Bacharel e licenciada em Geografia pela Universidade de São Paulo (USP)
Professora das redes particular e pública de ensino

**Marcelo Moraes Paula**
Bacharel e licenciado em Geografia pela Universidade de São Paulo (USP)
Professor das redes particular e pública de ensino



Editora Saraiva

Ligados.com Geografia – 4º ano (Ensino Fundamental – Anos iniciais)


Direitos desta edição:
Saraiva S.A. – Livreiros Editores, São Paulo, 2015


**Dados Internacionais de Catalogação na Publicação (CIP)**
**(Câmara Brasileira do Livro, SP, Brasil)**

Rama, Angela
Ligados.com : geografia, 4º ano / Angela Rama, Marcelo Moraes Paula. – 1. ed. – São Paulo : Saraiva, 2015.

Suplementado pelo manual do professor.
Bibliografia
ISBN 978-85-02-63009-3 (aluno)
ISBN 978-85-02-63013-0 (professor)

1. Geografia (Ensino fundamental)
I. Paula, Marcelo Moraes. II. Título.

15-02550 CDD-372.891

Índices para catálogo sistemático:
1. Geografia : Ensino fundamental 372.891

| | |
|---|---|
| **Gerente editorial** | M. Esther Nejm |
| **Editor responsável** | Luciana Leopoldino |
| **Editor** | Érica Lamas |
| **Coordenador de revisão** | Camila Christi Gazzani |
| **Revisores** | Ana Marson, Eduardo Sigrist, Luciana Azevedo |
| **Coordenador de iconografia** | Cristina Akisino |
| **Pesquisa iconográfica** | Thiago Fontana |
| **Gerente de artes** | Ricardo Borges |
| **Coordenador de artes** | Aderson Oliveira |
| **Design** | Homem de Melo & Troia Design |
| **Capa** | Luis Vassalo com imagem de Jon Davis/Advocate Art |
| **Diagramação** | Benedito Reis, Edilson Pauliuk, Elis Regina, Josiane Batista de Oliveira, Lisandro Paim Cardoso, Simone Zupardo |
| **Ilustrações** | Biry Sarkis, Carlos Bourdiel, Daniel Klein, Hagaquezart estúdio, Marcelo Lopes, Marcio Luiz de Castro, Paulo Cesar Pereira, Paulo Manzi |
| **Cartografia** | Mário Yoshida, Sonia Vaz |
| **Produtor gráfico** | Thais Mendes Petruci Galvão |
| **Impressão e acabamento** | Brasilform Editora e Ind. Gráfica |

076758.001.002



**Editora Saraiva**

SAC 0800-0117875
De 2ª a 6ª, das 8h30 às 19h30
www.editorasaraiva.com.br/contato

Avenida das Nações Unidas, 7221 – 1º Andar – Setor C – Pinheiros – CEP 05425-902

# Conheça o seu livro

## Unidade

Seu livro tem oito unidades. As páginas de abertura introduzem o trabalho que será desenvolvido em cada unidade. Nelas, você é convidado a observar os elementos da imagem e relacioná-los com seus conhecimentos sobre o tema ou com seu dia a dia.

UNIDADE 4

Da produção ao consumo

Converse com os colegas e o professor sobre as questões.

1. As fotografias mostram as etapas de fabricação de um produto. Que produto é esse?

2. Leia os itens e indique a fotografia com qual cada um deles se relaciona.

Produção do aço — Extração de minério de ferro — Venda do automóvel — Montagem do automóvel

## Capítulo

Cada unidade apresenta dois capítulos que exploram e desenvolvem os conteúdos e conceitos estudados. Cada capítulo é composto de seções, nas quais você desenvolve atividades variadas, escritas e orais, individuais, em dupla ou em grupo.

Muitos temas começam com questões para que você tenha oportunidade de pensar sobre o assunto que será tratado e trocar ideias com seus colegas a respeito dele.

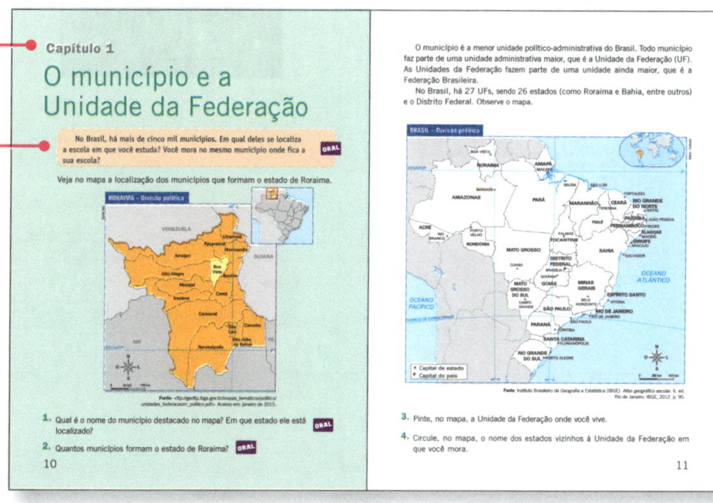
Capítulo 1

O município e a Unidade da Federação

No Brasil, há mais de cinco mil municípios. Em qual deles se localiza a escola em que você estuda? Você mora no mesmo município onde fica a sua escola? ORAL

Veja no mapa a localização dos municípios que formam o estado de Roraima.

1. Qual é o nome do município destacado no mapa? Em que estado ele está localizado? ORAL

2. Quantos municípios formam o estado de Roraima? ORAL

10

O município é a menor unidade político-administrativa do Brasil. Todo município faz parte de uma unidade administrativa maior, que é a Unidade da Federação (UF). As Unidades da Federação fazem parte de uma unidade ainda maior, que é a Federação Brasileira.

No Brasil, há 27 UFs, sendo 26 estados (como Roraima e Bahia, entre outros) e o Distrito Federal. Observe o mapa.

3. Pinte, no mapa, a Unidade da Federação onde você vive.

4. Circule, no mapa, o nome dos estados vizinhos à Unidade da Federação em que você mora.

11

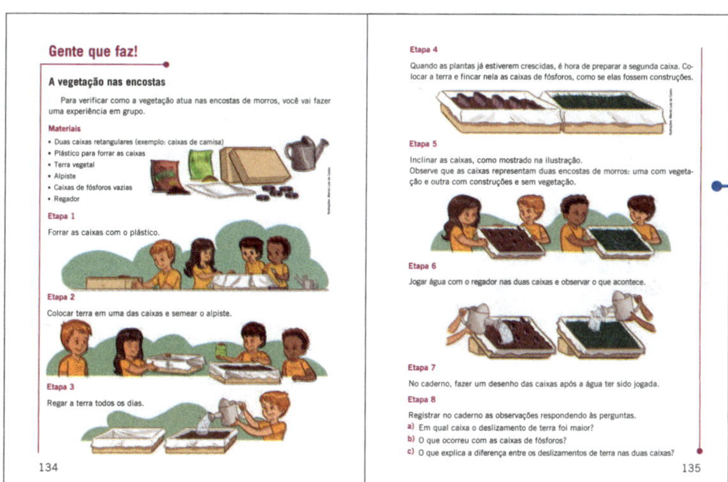
Gente que faz!

A vegetação nas encostas

Para verificar como a vegetação atua nas encostas de morros, você vai fazer uma experiência em grupo.

Etapa 1 — Forrar as caixas com o plástico.

Etapa 2 — Colocar terra em uma das caixas e semear o alpiste.

Etapa 3 — Regar a terra todos os dias.

134

Etapa 4 — Quando as plantas já estiverem crescidas, é hora de preparar a segunda caixa. Colocar a terra e fincar nela as caixas de fósforos, como se elas fossem construções.

Etapa 5 — Inclinar as caixas, como mostrado na ilustração. Observe que as caixas representam duas encostas de morros: uma com vegetação e outra com construções e sem vegetação.

Etapa 6 — Jogar água com o regador nas duas caixas e observar o que acontece.

Etapa 7 — No caderno, fazer um desenho das caixas após a água ter sido jogada.

Etapa 8 — Registrar no caderno as observações respondendo às perguntas.

a) Em qual caixa o deslizamento de terra foi maior?

b) O que ocorreu com as caixas de fósforos?

c) O que explica a diferença entre os deslizamentos de terra nas duas caixas?

135

## Gente que faz!

Nesta seção, você exercita sua criatividade e habilidade, individualmente ou em grupo, ao realizar atividades de cartografia, produção de textos, murais e pesquisas.

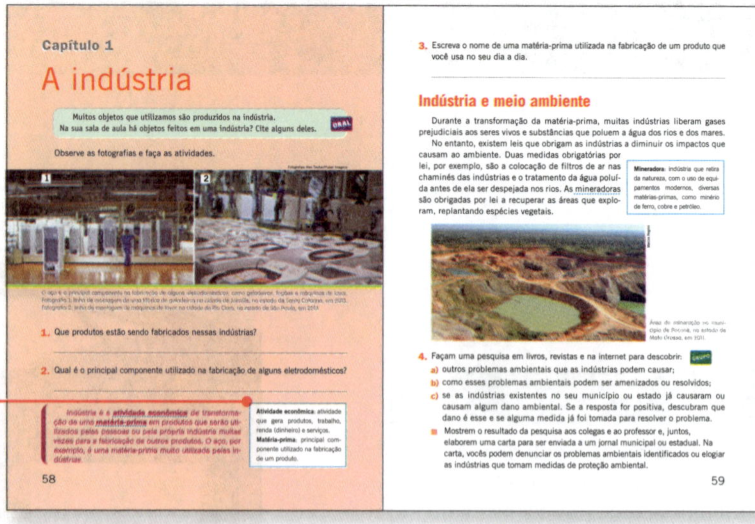

Capítulo 1

A indústria

Muitos objetos que utilizamos são produzidos na indústria. Na sua sala de aula há objetos feitos em uma indústria? Cite alguns deles. ORAL

Observe as fotografias e faça as atividades.

1. Que produtos estão sendo fabricados nessas indústrias?

2. Qual é o principal componente utilizado na fabricação de alguns eletrodomésticos?

Indústria é a atividade econômica de transformação de uma matéria-prima em produtos que serão utilizados pelas pessoas ou pela própria indústria muitas vezes para a fabricação de outros produtos. O aço, por exemplo, é uma matéria-prima muito utilizada pelas indústrias.

Atividade econômica: atividade que gera produtos, trabalho, renda (dinheiro) e serviços.
Matéria-prima: principal componente utilizado na fabricação de um produto.

58

3. Escreva o nome de uma matéria-prima utilizada na fabricação de um produto que você usa no seu dia a dia.

Indústria e meio ambiente

Durante a transformação da matéria-prima, muitas indústrias liberam gases prejudiciais aos seres vivos e substâncias que poluem a água dos rios e dos mares.

No entanto, existem leis que obrigam as indústrias a diminuir os impactos que causam ao ambiente. Duas medidas obrigatórias por lei, por exemplo, são a colocação de filtros de ar nas chaminés das indústrias e o tratamento da água poluída antes de ela ser despejada nos rios. As mineradoras são obrigadas por lei a recuperar as áreas que exploram, replantando espécies vegetais.

Mineradora: indústria que retira da natureza, com o uso de equipamentos modernos, diversas matérias-primas, como minério de ferro, cobre e petróleo.

4. Façam uma pesquisa em livros, revistas e na internet para descobrir: GRUPO
a) outros problemas ambientais que as indústrias podem causar;
b) como esses problemas ambientais podem ser amenizados ou resolvidos;
c) se as indústrias existentes no seu município ou estado já causaram ou causam algum dano ambiental. Se a resposta for positiva, descubram que dano é esse e se alguma medida já foi tomada para resolver o problema.
■ Mostrem o resultado da pesquisa aos colegas e ao professor e, juntos, elaborem uma carta para ser enviada a um jornal municipal ou estadual. Na carta, vocês podem denunciar os problemas ambientais identificados ou elogiar as indústrias que tomam medidas de proteção ambiental.

59

## Glossário

Algumas expressões ou termos considerados mais complexos são explicados próximo do texto correspondente.

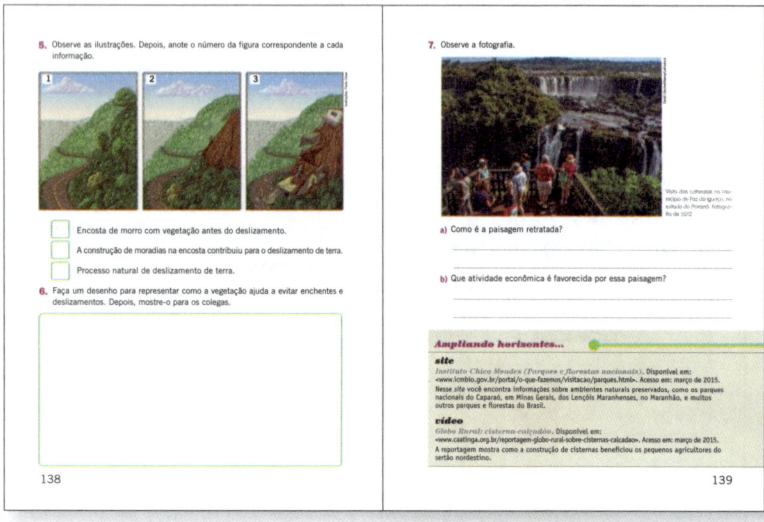

5. Observe as ilustrações. Depois, anote o número da figura correspondente a cada informação.

☐ Encosta de morro com vegetação antes do deslizamento.
☐ A construção de moradias na encosta contribuiu para o deslizamento de terra.
☐ Processo natural de deslizamento de terra.

6. Faça um desenho para representar como a vegetação ajuda a evitar enchentes e deslizamentos. Depois, mostre-o para os colegas.

138

7. Observe a fotografia.

a) Como é a paisagem retratada?

b) Que atividade econômica é favorecida por essa paisagem?

*Ampliando horizontes...*

**site**
*Instituto Chico Mendes (Parques e florestas nacionais).* Disponível em: <www.icmbio.gov.br/portal/o-que-fazemos/visitacao/parques.html>. Acesso em: março de 2015.
Nesse site você encontra informações sobre ambientes naturais preservados, como os parques nacionais do Caparaó, em Minas Gerais, dos Lençóis Maranhenses, no Maranhão, e muitos outros parques e florestas do Brasil.

**vídeo**
*Globo Rural: cisterna-calçadão.* Disponível em: <www.caatinga.org.br/reportagem-globo-rural-sobre-cisternas-calcadao>. Acesso em: março de 2015.
A reportagem mostra como a construção de cisternas beneficiou os pequenos agricultores do sertão nordestino.

139

## Ampliando horizontes...

Cada unidade apresenta sugestões de livros, revistas, músicas, filmes ou *sites* que permitem enriquecer ou ampliar os assuntos abordados.

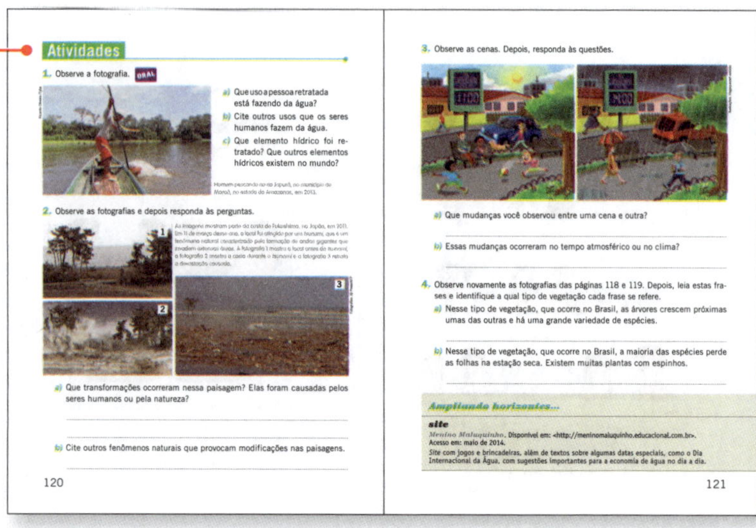

Atividades

1. Observe a fotografia. ORAL
a) Que uso a pessoa retratada está fazendo da água?
b) Cite outros usos que os seres humanos fazem da água.
c) Que elemento hídrico foi retratado? Que outros elementos hídricos existem no mundo?

2. Observe as fotografias e depois responda às perguntas.
a) Que transformações ocorreram nessa paisagem? Elas foram causadas pelos seres humanos ou pela natureza?
b) Cite outros fenômenos naturais que provocam modificações nas paisagens.

120

3. Observe as cenas. Depois, responda às questões.
a) Que mudanças você observou entre uma cena e outra?
b) Essas mudanças ocorreram no tempo atmosférico ou no clima?

4. Observe novamente as fotografias das páginas 118 e 119. Depois, leia estas frases e identifique a qual tipo de vegetação cada frase se refere.
a) Nesse tipo de vegetação, que ocorre no Brasil, as árvores crescem próximas umas das outras e há uma grande variedade de espécies.
b) Nesse tipo de vegetação, que ocorre no Brasil, a maioria das espécies perde as folhas na estação seca. Existem muitas plantas com espinhos.

*Ampliando horizontes...*

**site**
*Menino Maluquinho.* Disponível em: <http://meninomaluquinho.educacional.com.br>. Acesso em: maio de 2014.
Site com jogos e brincadeiras, além de textos sobre algumas datas especiais, como o Dia Internacional da Água, com sugestões importantes para a economia de água no dia a dia.

121

## Atividades

As atividades vão ajudar você a retomar e ampliar os principais assuntos estudados na unidade.

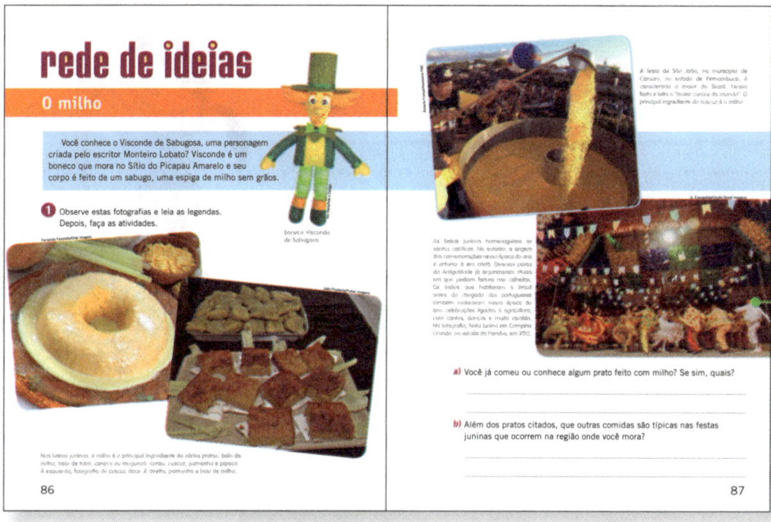
rede de ideias

O milho

Você conhece o Visconde de Sabugosa, uma personagem criada pelo escritor Monteiro Lobato? Visconde é um boneco que mora no Sítio do Picapau Amarelo e seu corpo é feito de um sabugo, uma espiga de milho sem grãos.

1 Observe estas fotografias e leia as legendas. Depois, faça as atividades.

a) Você já comeu ou conhece algum prato feito com milho? Se sim, quais?

b) Além dos pratos citados, que outras comidas são típicas nas festas juninas que ocorrem na região onde você mora?

86

87

## Rede de ideias

Esta seção retoma conceitos trabalhados na unidade e os desenvolve em conexão com outras áreas do saber.

## Qual é a pegada?

Nesta seção, você vai perceber que atitudes no dia a dia podem ajudar a preservar o lugar em que vivemos e construir um futuro melhor. Você também vai refletir sobre valores e atitudes que contribuem para sua formação como cidadão.

QUAL É A PEGADA?

sustentabilidade

Cidade e natureza

Em muitas cidades do Brasil, governos e moradores adotam práticas para melhorar a vida de todos e, ao mesmo tempo, ajudar a preservar a natureza. São as chamadas **práticas sustentáveis**. Você conhece esses exemplos?

**Rio Branco, a cidade das bicicletas**

Na cidade de Rio Branco, a capital do estado do Acre, a bicicleta é muito usada pelas pessoas. Para melhorar a segurança dos ciclistas, ciclovias e ciclofaixas começaram a ser construídas nessa cidade em 2006.

No ano de 2013, Rio Branco já tinha mais de 110 quilômetros de ciclovias e ciclofaixas em funcionamento.

**Agricultura em São Paulo**

Em São Paulo, uma cidade com muito asfalto e concreto, vários moradores plantam alface, couve, pimenta e outros alimentos em seus quintais, nas garagens de suas casas, nas áreas de serviço dos apartamentos ou até mesmo em vasinhos colocados nas varandas.

Assim, ao mesmo tempo que aumentam a área verde da cidade, os moradores consomem produtos sem agrotóxicos.

1. Na sua opinião, como as práticas adotadas nas cidades de Rio Branco e de São Paulo contribuem para melhorar o meio ambiente e a vida dos habitantes? ORAL

2. Faça uma pesquisa em jornais, revistas, livros e *sites* da internet sobre outras práticas sustentáveis. Depois, converse com os colegas e o professor sobre práticas sustentáveis que seriam interessantes para o município onde vocês moram.

38

39

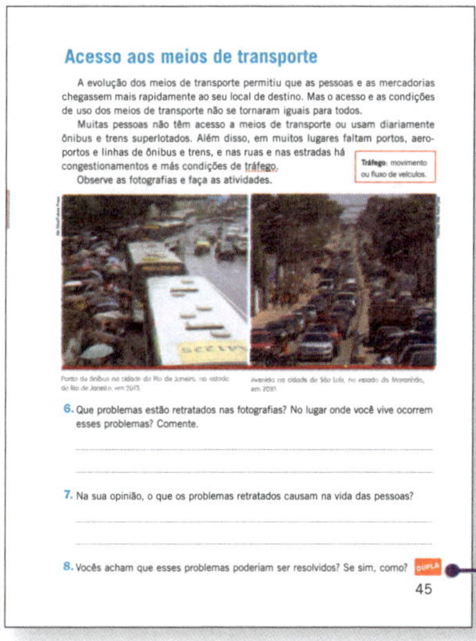
Acesso aos meios de transporte

A evolução dos meios de transporte permitiu que as pessoas e as mercadorias chegassem mais rapidamente ao seu local de destino. Mas o acesso e as condições de uso dos meios de transporte não se tornaram iguais para todos.

Muitas pessoas não têm acesso a meios de transporte ou usam diariamente ônibus e trens superlotados. Além disso, em muitos lugares faltam portos, aeroportos e linhas de ônibus e trens, e nas ruas e nas estradas há congestionamentos e más condições de tráfego.

Observe as fotografias e faça as atividades.

6. Que problemas estão retratados nas fotografias? No lugar onde você vive ocorrem esses problemas? Comente.

7. Na sua opinião, o que os problemas retratados causam na vida das pessoas?

8. Vocês acham que esses problemas poderiam ser resolvidos? Se sim, como? DUPLA

45

## Significados dos ícones

Ao longo do livro, você vai ser convidado a realizar várias atividades. Em algumas delas, fique atento às orientações dadas por estes ícones:

ORAL DUPLA GRUPO RECORTE E COLE COLE

Unidade 5 – páginas 74 e 75 – abertura – questão 3

Unidade 5 – página 83 – atividade 4

5

## Material Complementar e adesivos

O livro traz um encarte com imagens, frases e mapas para serem destacados e utilizados em algumas atividades.

# Sumário

Biry Sarkis


**UNIDADE 1** **O município** ........ **8**

1. O município e a Unidade da Federação ........ 10
Os limites territoriais ........ 12
**Gente que faz!** – Encontrando as direções ........ 14
2. A cidade e o campo ........ 18
A administração do município ........ 20
**Atividades** ........ 22
**Ampliando horizontes...** ........ 23
**Rede de ideias** – Indígenas e participação política ........ 24

**UNIDADE 2** **A paisagem urbana** ........ **26**

1. As cidades são diferentes ........ 28
As diferentes paisagens de uma cidade ........ 29
2. O crescimento das cidades ........ 30
Indústria, comércio e serviços ........ 31
Antes das indústrias ........ 32
**Gente que faz!** – Pesquisando a fundação do município ........ 34
**Atividades** ........ 35
**Ampliando horizontes...** ........ 35
**Rede de ideias** – Cidades planejadas ........ 36
**Qual é a pegada?** – Sustentabilidade ........ 38

**UNIDADE 3** **O vai e vem nos lugares** ........ **40**

1. Os meios de transporte ........ 42
A evolução dos meios de transporte ........ 44
Acesso aos meios de transporte ........ 45
**Gente que faz!** – Os elementos de um mapa ........ 46
2. Os meios de comunicação ........ 48
**Atividades** ........ 50
**Ampliando horizontes...** ........ 53
**Rede de ideias** – Comunicação ontem e hoje ........ 54

**UNIDADE 4** **Da produção ao consumo** ........ **56**

1. A indústria ........ 58
Indústria e meio ambiente ........ 59
Do artesanato à indústria ........ 60
2. O comércio ........ 62
Os vendedores ambulantes ........ 64
O comércio eletrônico ........ 65
**Atividades** ........ 66
**Ampliando horizontes...** ........ 69
**Rede de ideias** – O trabalho das mulheres ........ 70
**Qual é a pegada?** – Consumo ........ 72

Hagaquezart estúdio

Biry Sarkis


**UNIDADE 5** A produção no campo ... 74

1. Agricultura e pecuária ... 76

A agricultura no Brasil ... 77

A pecuária no Brasil ... 78

2. Outras atividades no campo ... 80

O extrativismo ... 80

A agroindústria ... 82

Lazer e turismo ... 83

**Atividades** ... 84

**Ampliando horizontes...** ... 85

**Rede de ideias** – O milho ... 86

**Qual é a pegada?** – Preservação ... 90

**UNIDADE 6** Terra e trabalho no campo ... 92

1. O trabalho rural ... 94

Distribuição desigual das terras ... 96

2. A modernização do campo ... 98

Do campo para a cidade ... 100

**Atividades** ... 102

**Ampliando horizontes...** ... 105

**Rede de ideias** – Por uma vida melhor ... 106

**UNIDADE 7** Elementos naturais ... 108

1. Relevo e hidrografia ... 110

O relevo ... 112

A hidrografia ... 114

2. Clima e vegetação ... 116

Tempo atmosférico e clima ... 116

A vegetação ... 118

**Atividades** ... 120

**Ampliando horizontes...** ... 121

**Rede de ideias** – Na Amazônia ... 122

**UNIDADE 8** Atividades humanas e natureza ... 126

1. Atividade econômica e natureza ... 128

Lazer e turismo ... 129

Clima, relevo e agricultura ... 130

2. Moradias e natureza ... 132

**Gente que faz!** – A vegetação nas encostas ... 134

**Atividades** ... 136

**Ampliando horizontes...** ... 139

**Rede de ideias** – Desastres naturais ou humanos? ... 140

**Qual é a pegada?** – Preservação ... 142

**Material Complementar e Adesivos**


Hagaquezart estúdio

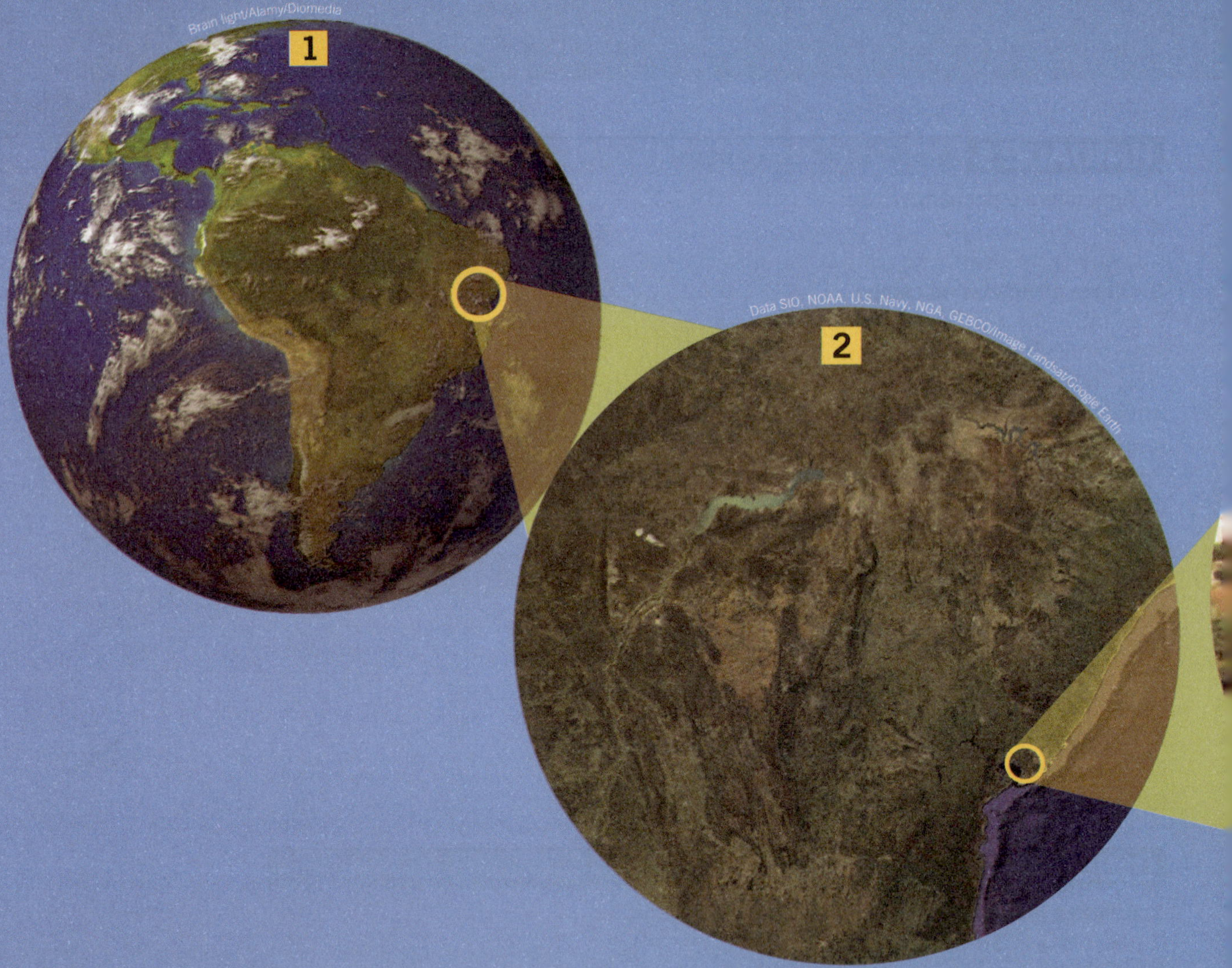


# UNIDADE 1

# O município

Fotografia 1: imagem do planeta Terra com destaque para a América do Sul.
Fotografia 2: imagem de satélite com destaque para o estado da Bahia, no Brasil.
Fotografia 3: vista aérea do município de Salvador, no estado da Bahia.
Fotografia 4: vista aérea do bairro da Barra, no município de Salvador.

**1.** Fale para o professor e os colegas:

**a)** o nome do município retratado e o estado onde ele está localizado.

**b)** o país onde esse estado está localizado e o continente ao qual ele pertence.

**2.** Converse com os colegas e o professor sobre as questões.

**a)** Em qual das imagens ocorreu a maior diminuição do espaço representado em relação ao real?

**b)** Em qual das imagens ocorreu a menor diminuição?

Capítulo 1

# O município e a Unidade da Federação

No Brasil, há mais de cinco mil municípios. Em qual deles se localiza a escola em que você estuda? Você mora no mesmo município onde fica a sua escola? ORAL

Veja no mapa a localização dos municípios que formam o estado de Roraima.

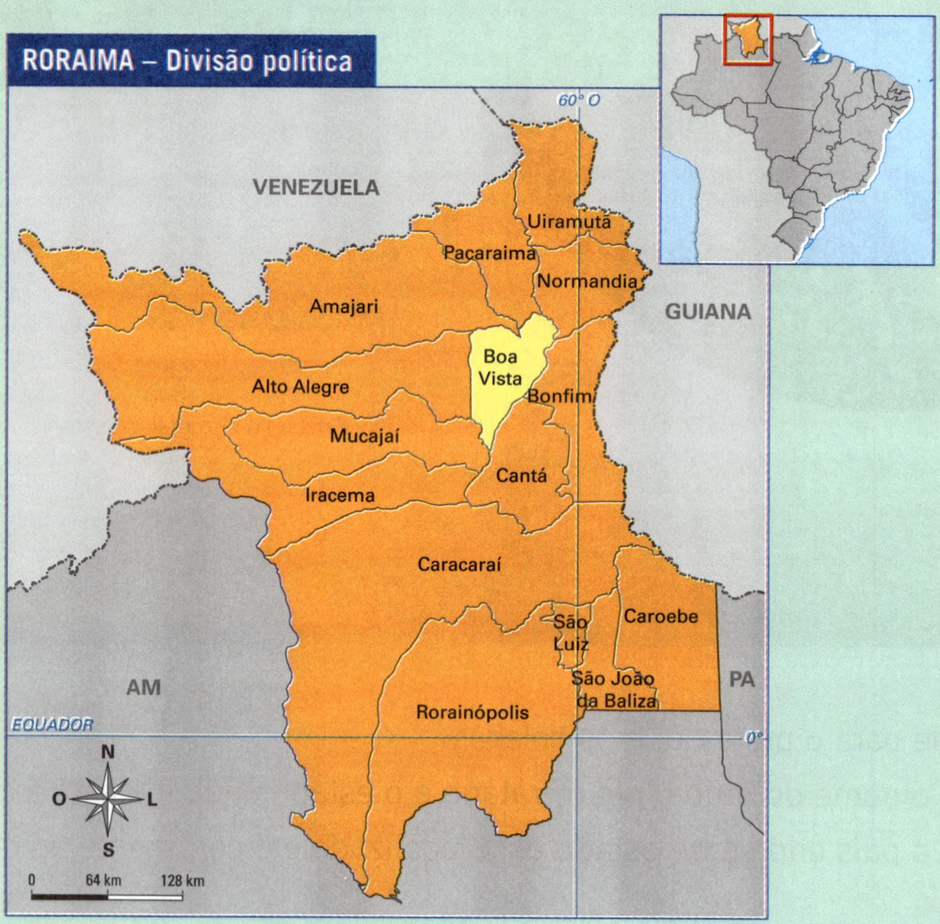


**Fonte**: <ftp://geoftp.ibge.gov.br/mapas_tematicos/politico/unidades_federacao/rr_politico.pdf>. Acesso em: janeiro de 2015.

**1.** Qual é o nome do município destacado no mapa? Em que estado ele está localizado? ORAL

**2.** Quantos municípios formam o estado de Roraima? ORAL

O município é a menor unidade político-administrativa do Brasil. Todo município faz parte de uma unidade administrativa maior, que é a Unidade da Federação (UF). As Unidades da Federação fazem parte de uma unidade ainda maior, que é a Federação Brasileira.

No Brasil, há 27 UFs, sendo 26 estados (como Roraima e Bahia, entre outros) e o Distrito Federal. Observe o mapa.

**Fonte**: Instituto Brasileiro de Geografia e Estatística (IBGE). *Atlas geográfico escolar*. 6. ed. Rio de Janeiro: IBGE, 2012. p. 90.

**3.** Pinte, no mapa, a Unidade da Federação onde você vive.

**4.** Circule, no mapa, o nome dos estados vizinhos à Unidade da Federação em que você mora.

# Os limites territoriais

O Brasil, as Unidades da Federação e os municípios possuem um território que é demarcado por limites.

Muitas vezes, os elementos naturais, como rios e montanhas, são usados como limites. Observe a fotografia e o mapa.

**Fonte**: Instituto Brasileiro de Geografia e Estatística (IBGE). *Atlas geográfico escolar.* 6. ed. Rio de Janeiro: IBGE, 2012. p. 94, 105.

Vista aérea parcial do rio Parnaíba, em 2010. À esquerda está o estado do Maranhão; à direita, o estado do Piauí.

**5.** Escreva o nome do rio que separa os estados de:

**a)** Maranhão e Piauí.

**b)** Bahia e Pernambuco.

Existem também os **limites artificiais**, que são construídos pelas pessoas, como ruas, pontes e placas.

**6.** Observe as fotografias. Depois, responda às questões.

Placa na Rodovia Régis Bittencourt, no estado do Paraná, em 2011. A placa indica o limite entre os municípios.

J. L. Bulcão/Pulsar Imagens

Placa na Ponte Internacional Presidente Tancredo Neves, no estado do Paraná, em 2012. A placa indica o limite entre os países.

a) Nas fotografias, quais são os elementos utilizados para indicar os limites? Esses elementos são naturais ou artificiais? Como você sabe?

______________________________

______________________________

b) Em qual fotografia foi retratado um limite entre dois países? Quais são esses países?

______________________________

c) O que indica a placa de informação da fotografia 1?

______________________________

**7.** Com a ajuda do professor, escreva o nome de dois municípios que fazem limite com o município onde você mora.

______________________________

______________________________

# Gente que faz!

## Encontrando as direções

Todos os mapas devem ter uma rosa dos ventos ou uma seta indicando a direção norte no espaço representado. Observe o mapa.

**Fonte**: Vera Caldini e Leda Ísola. *Atlas geográfico Saraiva*. São Paulo: Saraiva, 2013. p. 90.

**1** Observe que nesse mapa a rosa dos ventos indica que a direção norte está para cima. Portanto, ao norte de Glorinha está o município de Taquara. Pinte o nome de cada município com a cor da direção em que ele se encontra em relação ao município de Glorinha.

Gravataí | Taquara | Viamão | Santo Antônio da Patrulha

Leste | Oeste | Norte | Sul

Além dos pontos cardeais (Norte, Sul, Leste e Oeste), os pontos colaterais também servem para indicar as direções. São eles:

- Nordeste (NE): direção localizada entre o Norte (N) e o Leste (L);
- Sudeste (SE): direção localizada entre o Sul (S) e o Leste (L);
- Sudoeste (SO): direção localizada entre o Sul (S) e o Oeste (O);
- Noroeste (NO): direção localizada entre o Norte (N) e o Oeste (O).

**2** Destaque a rosa dos ventos e os nomes dos pontos colaterais dos **Adesivos**. No espaço abaixo, cole cada ponto colateral na posição correta em relação à rosa dos ventos.

**3** Observe o mapa da página 11 e responda às perguntas.

a) O que se encontra a leste do Rio Grande do Sul?

______________________________________________

b) Que estado faz limite com o Rio Grande do Sul? Esse trecho está ao norte ou ao sul do Rio Grande do Sul?

______________________________________________

c) Que estado faz limite com o Piauí ao sul?

______________________________________________

d) Indique em que direção se encontra a UF onde você mora em relação à capital do Brasil.

______________________________________________

e) Indique em que direção se encontra cada estado ou país vizinhos à UF onde você mora. Utilize os pontos cardeais e colaterais.

______________________________________________

______________________________________________

**4** Agora observe este mapa turístico.

**MUNICÍPIO DE JOINVILLE**

**Fonte**: Mapa feito com base em GuiaSul Editora Turística, 22. ed., 2010/2011.

a) Nesse mapa, a direção norte está voltada para qual lado do mapa?

_______________________________________________

b) Nem todo mapa tem o norte voltado para cima. A direção norte também pode estar voltada para baixo, para a direita ou para a esquerda do mapa. Observe o mapa novamente. Se uma pessoa está no Fórum de Joinville, que direção ela deverá tomar para:

- chegar à rodovia BR 101? ____________________
- assistir a uma partida de futebol na Arena Joinville? ____________________
- ver a paisagem da cidade estando no mirante? ____________________
- ir até a Igreja da Paz? ____________________

c) Se uma pessoa está na Rodoviária e precisa ir para a Arena Joinville, que direção ela deverá tomar?

______________________________________________

______________________________________________

**5** Em grupo, vocês vão encontrar e identificar os pontos cardeais e colaterais da sala de aula. Sigam as instruções.

a) Inicialmente, com a ajuda do professor, encontrem as reais direções (pontos cardeais e colaterais) da sala de aula. Vocês podem usar uma bússola, um GPS ou observar a localização do Sol.
Atenção: lembrem-se de que o ponto exato onde o Sol nasce varia de acordo com a época do ano. Por isso, tomar o Sol como referência permitirá obter somente as direções aproximadas.
Ao usar o Sol como referência, vocês devem descobrir onde ele pode ser visto no início da manhã. Essa direção é o Leste (L), também chamado de Oriente. Do lado oposto, ou seja, onde o Sol se põe, estará o Oeste (O), também chamado de Ocidente. Para observar as demais direções, é só observar a rosa dos ventos.

b) Após a verificação das direções, cada grupo deverá confeccionar um cartaz com a letra correspondente a um dos pontos cardeais ou colaterais.

c) Cada cartaz deverá ser fixado pelo grupo na parede ou no lugar correspondente a cada direção encontrada. Observe a ilustração.

Bruna Brito

## Capítulo 2

# A cidade e o campo

Em muitos municípios, há pessoas que moram na cidade e outras que moram no campo. E você, onde mora? Cite algumas diferenças entre a cidade e o campo. **ORAL**

Observe as fotografias. Depois, converse com os colegas sobre as questões.

Fotografias: Mario Friedlander/Pulsar Imagens

Vista aérea de plantação de milho no município de Sorriso, no estado de Mato Grosso, em 2013.

Vista aérea da cidade de Sorriso, no estado de Mato Grosso, em 2013.

**1.** Que município é apresentado nas fotografias?

____________________________

**2.** Que fotografia retrata uma área urbana? ________________

**3.** Que fotografia retrata uma área rural? ________________

**4.** Complete o quadro abaixo descrevendo os elementos que você observa nas fotografias da página 18.

| Elementos da paisagem do município de Sorriso | |
|---|---|
| **Área rural** | **Área urbana** |
| ______________ | ______________ |
| ______________ | ______________ |
| ______________ | ______________ |

A **área rural** de um município é conhecida como **campo**. Nela, os elementos que predominam na paisagem são as plantações, os sítios, as fazendas e as matas. Algumas indústrias também podem se instalar em áreas rurais. Na **área urbana**, há maior concentração de moradias, estabelecimentos comerciais, indústrias e outras construções, como ruas e avenidas. A área urbana também é conhecida como **cidade**.

No Brasil, existem municípios com pequena ou nenhuma área rural. Observe a fotografia.

Delfim Martins/Tyba

No município de São Caetano do Sul, no estado de São Paulo, não há área rural. Todo o território do município é ocupado por uma área urbana. Vista aérea em fotografia de 2013.

**5.** O município onde você mora apresenta área rural e área urbana? ORAL

**6.** Procurem em jornais ou revistas uma fotografia de paisagem urbana e outra de paisagem rural no Brasil. Recortem e colem as imagens em uma folha à parte e escrevam o nome do município e da Unidade da Federação onde elas se localizam. Depois, citem semelhanças e diferenças entre as paisagens. Exponham o trabalho no mural da classe. RECORTE E COLE DUPLA

# A administração do município

Observe as fotografias.

Edu Lyra/Pulsar Imagens

Prefeitura Municipal de São Joaquim, no estado de Santa Catarina, em 2010. A Prefeitura é o local de onde o prefeito administra o município.

Gerson Gerloff/Pulsar Imagens

Câmara Municipal de Vereadores de São Joaquim, no estado de Santa Catarina, em 2012. Nesse local são elaboradas as leis do município.

Na Prefeitura trabalham o prefeito, que administra o município, e seus auxiliares.

Na Câmara dos Vereadores, como o próprio nome diz, trabalham os vereadores. Eles são responsáveis pela elaboração das leis municipais e pela fiscalização das ações do prefeito.

Todo município apresenta uma sede administrativa, localizada na área urbana. É na área urbana que ficam instaladas a Prefeitura e a Câmara dos Vereadores, também chamada Câmara Municipal.

**7.** Com a ajuda do professor, escreva o nome do atual prefeito e de um vereador do município em que você mora.

Agora, observe esta fotografia.

Nas eleições municipais de 2012, foram escolhidos os prefeitos e os vereadores para governarem os municípios brasileiros. Na fotografia, pessoa votando em urna eletrônica no município do Rio de Janeiro, no estado do Rio de Janeiro, em 2012.

Luciana Whitaker/Pulsar Imagens

**8.** O que a fotografia retrata? ORAL

A cada quatro anos, as pessoas que moram no município vão às urnas eleger aqueles que serão os responsáveis pela administração do município: o prefeito e os vereadores. No Brasil, podem votar todos os cidadãos com idade a partir de 16 anos.

**9.** Pesquise em jornais, revistas e internet e responda às questões.

a) Além de prefeitos e vereadores, que outros representantes são escolhidos pelos eleitores no Brasil?

______________________________________________

______________________________________________

b) Em que ano ocorreu a última eleição para prefeito e quando será a próxima?

______________________________________________

c) Quantos vereadores compõem a Câmara Municipal do seu município?

______________________________________________

**10.** Na sua opinião, por que é importante escolher bem os governantes? ORAL

# Atividades

**1.** Observe a ilustração. Ela representa parte de alguns municípios.

Paulo Manzi

- Que municípios aparecem na ilustração?

  ______________________________________________

**2.** Complete as frases com os termos adequados.

| o rio | a área rural | a placa de informação |
|---|---|---|

**a)** O elemento natural que separa o município de Arcos dos outros municípios é ______________________.

**b)** O elemento artificial que demarca o limite entre São Tomé e Palmeira é ______________________.

**c)** ______________________ indica os limites entre os municípios.

**d)** ______________________ do município de Palmeira não foi representada na ilustração.

**3.** Observe a fotografia e responda:

a) Essa fotografia retrata a cidade ou o campo?

______________________________

b) Que elementos presentes na paisagem confirmam sua resposta?

______________________________

______________________________

______________________________

______________________________

Luiz Carlos Frota Sampaio/LatinContent /Getty Images

Vista aérea de Manaus, no estado do Amazonas, em 2009. Ao fundo, o Rio Negro.

**4.** Pensem na seguinte situação: o tráfego de veículos está muito intenso no lugar onde vocês moram e faltam faixas de pedestres para as pessoas atravessarem as ruas em segurança.

a) Na opinião do grupo, o que os moradores devem fazer para resolver essa situação? GRUPO

______________________________

______________________________

b) Pesquisem: qual secretaria municipal é responsável por esse serviço em seu município (endereço, número de telefone e, se houver, o *e-mail* para atendimento à população).

______________________________

______________________________

## Ampliando horizontes...

### livro

***O mundo do meu amigo***, de Ana Cecília e Robinson Damasceno dos Reis, Formato.
Fred e Júlio se conhecem na escola e se tornam muito amigos. Quando chegam as férias, Fred vai passar alguns dias no sítio onde Júlio mora e faz várias descobertas sobre a vida no campo.

# rede de ideias

## Indígenas e participação política

**1** Leia a notícia e faça as atividades.

### Amazonas elege seus primeiros prefeitos indígenas

O resultado das eleições municipais de 2008 passará a ter um significado especial para os povos indígenas do Amazonas. É que, pela primeira vez na história das eleições brasileiras, uma cidade escolheu prefeito e vice-prefeito indígenas: São Gabriel da Cachoeira, no extremo norte do estado. Outro município, Barreirinha, no Baixo Amazonas, também vai ser administrado a partir de janeiro de 2009 por prefeito indígena.

São Gabriel da Cachoeira, que fica a 858 quilômetros da capital, Manaus, elegeu para prefeito Pedro Garcia, da etnia Tariana, e para vice-prefeito, André Baniwa, da etnia Baniwa. [...].

O vice-prefeito eleito, André Baniwa, disse que a vitória eleitoral é resultado do amadurecimento político do povo indígena. Segundo ele, saúde e educação serão prioridade na próxima administração.

Disponível em: <http://noticias.terra.com.br/eleicoes/2008/interna/0,,OI3250144-EI11835,00-Amazonas+elege+seus+primeiros+prefeitos+indigenas.html>. Acesso em: janeiro de 2015.

**a)** Complete o quadro com informações do texto, como no exemplo.

| | |
|---|---|
| **Cargos para os quais foram eleitos os candidatos indígenas** | Prefeito e vice-prefeito |
| **Etnias às quais pertencem os candidatos** | |
| **Unidade da Federação em que se localizam os municípios** | |

**b)** Identifique e circule no texto as prioridades definidas para São Gabriel da Cachoeira pelo vice-prefeito eleito.

**2** Observe o gráfico e faça as atividades.

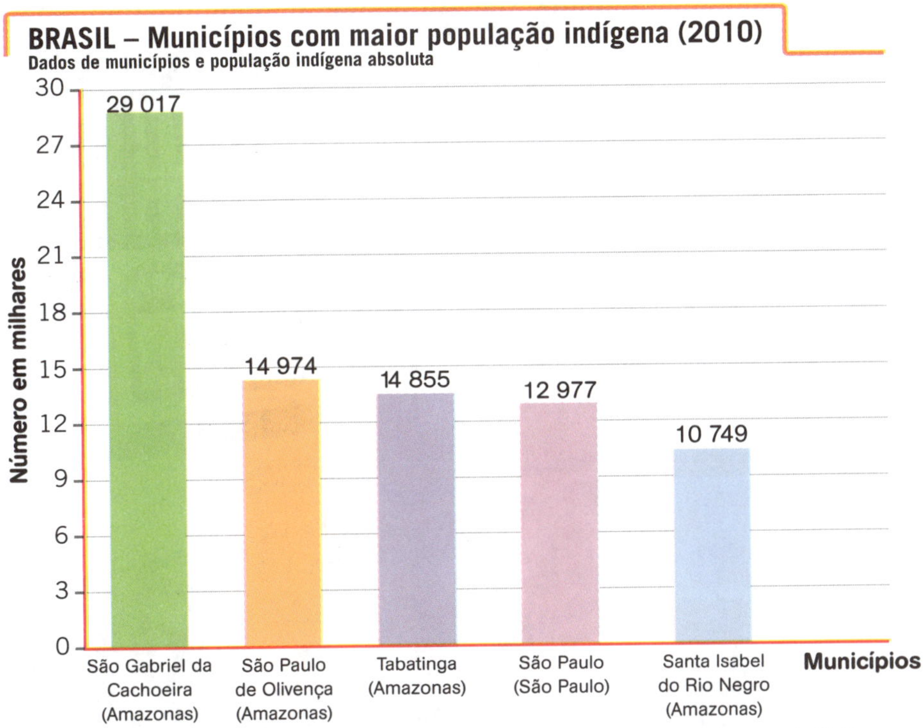


**Fonte**: <http://indigenas.ibge.gov.br/graficos-e-tabelas-2>. Acesso em: janeiro de 2015.

**a)** Circule o nome do município que apresenta o maior número de indígenas.

**b)** Que Unidades da Federação abrigam os cinco municípios com maior população indígena?

______________________

______________________

______________________

**3** Converse com os colegas e registre a opinião do grupo em seu caderno. GRUPO

**a)** No Brasil, existem muitos povos indígenas e poucos municípios governados por indígenas. Na opinião de vocês, por que isso acontece?

**b)** Observem a fotografia e respondam: além da eleição de representantes políticos, que outras formas de participação política existem?

Zeca Ribeiro/Futura Press

Participação de indígenas na Câmara dos Deputados, em Brasília, no Distrito Federal, em 2013.

# UNIDADE 2

# A paisagem urbana

*Ladeira da casa torta*, de Helena Coelho, 2005. Óleo sobre tela, 60 cm × 80 cm. Galeria Jacques Ardies, São Paulo, Brasil.

Helena Coelho. *Ladeira da casa torta*, 2005. Galeria Jacques Ardies.

Converse com os colegas e o professor sobre as questões.

1. O que mais chamou a sua atenção nesta obra de arte?
2. A paisagem representada na obra é rural ou urbana? Como você sabe?
3. Comente as diferenças e as semelhanças entre o lugar representado e o lugar onde você mora.

Capítulo 1

# As cidades são diferentes

As cidades não são iguais. Quais são as principais diferenças entre elas? Por que essas diferenças ocorrem? As atividades desenvolvidas nas cidades criam diferenças entre as paisagens? ORAL

Observe as fotografias de duas cidades brasileiras e responda às perguntas.

Rubens Chaves/Pulsar Imagens

Vista aérea da região central e da zona portuária (ao fundo) do município de Fortaleza, no estado do Ceará, em 2013.

João Prudente/Pulsar Imagens

Vista aérea do município de Sapucaí-Mirim, no estado de Minas Gerais, em 2012.

**1.** Que semelhanças você observa entre essas paisagens de cidade?

______________________________________________

______________________________________________

**2.** Qual a principal diferença entre essas paisagens?

______________________________________________

______________________________________________

Atualmente, a maior parte das pessoas do Brasil vive em cidades. As cidades têm características comuns, como a concentração de casas e de estabelecimentos comerciais. Mas há elementos que as diferenciam, como o movimento de pessoas e de veículos, a quantidade de habitantes e o tipo de construções de cada cidade.

# As diferentes paisagens de uma cidade

Observe as paisagens retratadas nestas fotografias.

G. Evangelista/Opção Brasil Imagens

O bairro de Mangabeiras, no município de Belo Horizonte, no estado de Minas Gerais, é constituído principalmente por moradias, mas nele também há comércio, escolas e áreas de lazer. Fotografia de 2013.

Palê Zuppani/Pulsar Imagens

No centro das cidades, como em Belo Horizonte, no estado de Minas Gerais, concentram-se vários tipos de comércio, bancos, restaurantes, entre outros estabelecimentos. De segunda a sexta-feira, principalmente, observa-se na paisagem dos centros urbanos uma grande circulação de pessoas e veículos. Fotografia de 2011.

**3.** Converse sobre as questões com os colegas e o professor. **ORAL**

**a)** A cidade de Belo Horizonte apresenta paisagens diferentes? Utilize elementos das fotografias para explicar sua resposta.

**b)** Compare essas paisagens com as paisagens da área urbana do município onde você mora. Cite uma diferença e uma semelhança.

## Capítulo 2

# O crescimento das cidades

Várias cidades brasileiras cresceram muito ao longo de sua história. Na sua opinião, o que fez com que essas cidades crescessem? **ORAL**

Observe a ilustração de um mesmo lugar em épocas diferentes.

Paulo Manzi

Representação para fins didáticos. Sem escala. As cores não correspondem aos tons reais.

**1.** Cite as mudanças que aconteceram nessa cidade ao longo do tempo.

______________________________________________

______________________________________________

______________________________________________

**2.** Com a desativação da indústria próximo à escola (figura 3), o que ocorreu com o prédio onde ela estava instalada?

______________________________________________

# Indústria, comércio e serviços

A cidade ilustrada na página anterior teve um grande crescimento após a instalação das indústrias. Isso também aconteceu com várias cidades brasileiras, como São Paulo, Rio de Janeiro e Curitiba.

As fábricas atraem trabalhadores. Com o aumento da população na área urbana, cresce o número de lojas, mercados, restaurantes e outros tipos de comércio na cidade. Torna-se, também, necessário oferecer mais serviços às pessoas, tais como escolas, transporte, distribuição de água, fornecimento de eletricidade e coleta de lixo.

Com o passar do tempo, algumas fábricas podem ser desativadas e no lugar delas são construídos, por exemplo, prédios, centros comerciais, lojas e bancos.

Assim, muitas cidades que eram industriais tornam-se locais onde predominam o comércio e os serviços (escolas, hospitais, bancos etc.).

Observe as fotografias.

Coleção particular

Alessandro Viana/Tyba

Alguns bairros e cidades desenvolveram-se a partir da implantação de fábricas e da construção de moradias para os operários. É o caso do bairro de Bangu, na cidade do Rio de Janeiro (RJ), que se desenvolveu após a implantação da antiga Companhia Progresso Industrial do Brasil, também conhecida como Fábrica Bangu. Com a instalação da fábrica, em 1889, a área rural que ali existia foi se transformando em espaço urbano. Atualmente, no prédio dessa fábrica, funciona um *shopping*. Na fotografia 1, o prédio da antiga Fábrica Bangu no ano de 1906; na fotografia 2, o mesmo prédio em 2011, já abrigando o Bangu Shopping.

**3.** Selecione imagens de fábricas, tipos de comércio e de serviços desenvolvidos em cidades brasileiras. Cole as imagens no caderno e identifique a cidade e a atividade retratada em cada uma delas. RECORTE E COLE

# Antes das indústrias

A industrialização foi muito importante para o desenvolvimento de muitas cidades brasileiras no final do século XIX e início do século XX.

Antes disso, porém, outras atividades econômicas, como a produção de açúcar, de ouro e de café, contribuíram para o surgimento e o crescimento de cidades no Brasil.

Observe as imagens e leia os textos.

Emil Bauch. *Porto de Recife, século XVIII*. Acervo Documental e Artístico do Ministério das Relações Exteriores, Rio de Janeiro, RJ.

*Porto de Recife, século XVIII*, de Emil Bauch, s/d. Têmpera sobre papel. Acervo Documental e Artístico do Ministério das Relações Exteriores, Rio de Janeiro, Brasil.

Durante muito tempo, o **açúcar** produzido no Nordeste foi o principal produto da economia brasileira. Ao redor dos portos de onde partiam os navios com açúcar e outros produtos, desenvolveram-se cidades como Recife e Olinda, em Pernambuco. Próximo aos portos, os moradores dessas duas cidades construíram moradias, armazéns para estocar produtos e vários tipos de comércio para atender à população.

Do século XVIII até os dias de hoje, a cidade de Recife cresceu muito. Atualmente, ela concentra muitos estabelecimentos de comércio e de serviços. O porto de Recife foi ampliado e mais armazéns para estocar produtos foram construídos.

Leo Caldas/Pulsar Imagens

Vista aérea do porto de Recife, no estado de Pernambuco, em 2013.

A descoberta de **ouro** em Minas Gerais, Goiás e Mato Grosso fez com que várias cidades surgissem nessa região. Ouro Preto, em Minas Gerais, e Cuiabá, em Mato Grosso, são exemplos de cidades que surgiram dessa forma.

As pessoas que trabalhavam nas minas de ouro necessitavam de alimentos e de outros produtos. Essas mercadorias eram trazidas às regiões das minas pelos tropeiros. Nas rotas dos tropeiros formaram-se muitos povoados e vilas que depois se tornaram cidades, como Sorocaba, no estado de São Paulo, e Sacramento, no estado de Minas Gerais.

Jean-Baptiste Debret

Tropeiro representado na obra *Carvão*, de Jean-Baptiste Debret, 1822. Aquarela sobre papel. Museus Castro Maya, Rio de Janeiro, Brasil.

Col. Gilberto Ferrez/Acervo Instituto Moreira Salles

Essa fotografia de Marc Ferrez mostra a chegada do café ao porto da cidade de Santos, no estado de São Paulo, cerca de 1890. Acervo Instituto Moreira Salles, Coleção Gilberto Ferrez, Rio de Janeiro, Brasil.

O **café** teve grande importância no desenvolvimento de várias cidades do Brasil.

Produzido nas fazendas do interior dos estados de São Paulo e Rio de Janeiro, o café era transportado aos portos, de onde era levado para outros países. Estradas de ferro foram construídas para ligar as fazendas ao litoral e, ao longo dessas ferrovias, vilas e cidades surgiram e se desenvolveram.

São Paulo e algumas cidades portuárias, como Santos e Rio de Janeiro, cresceram muito com o comércio do café, pois nelas se localizavam os escritórios e bancos envolvidos na comercialização desse produto.

**4.** Escolha um dos produtos citados neste capítulo (açúcar, ouro ou café) e faça um desenho no caderno para mostrar como a produção desse produto contribuiu para o surgimento e o crescimento de cidades.

# Gente que faz!

## Pesquisando a fundação do município

Você e seus colegas vão realizar uma pesquisa em livros, revistas, jornais e internet sobre a fundação do município onde vocês vivem.

### Etapa 1

Reúnam-se em grupos e utilizem este roteiro para fazer a pesquisa.

- Qual é a data de fundação do município?
- Quem fundou o município? Qual foi o motivo da fundação?
- Qual foi o nome dado ao município quando foi fundado?
- O nome do município mudou desde a fundação? Se mudou, quais foram os nomes que ele teve até hoje?
- A construção do município foi planejada?
- Em que local o município começou a se formar: às margens de um rio, próximo a uma ferrovia, em torno de um porto ou forte?
- No município, atualmente, há construções antigas?
- Qual era a função dessas construções no passado? E atualmente?

### Etapa 2

Com os dados da pesquisa, escrevam no caderno um texto sobre o município onde vocês moram. Colem fotografias ou façam desenhos para ilustrar o texto. Depois montem um mural com os trabalhos de todos da sala.

Hagaquezart estúdio

# Atividades

**1.** Observe as fotografias e depois responda à pergunta.

João Prudente/Pulsar Imagens

Vista da cidade de Quebrângulo, no estado de Alagoas, em 2012.

Ismar Ingber/Pulsar Imagens

Vista da avenida Rio Branco, na cidade do Rio de Janeiro, no estado do Rio de Janeiro, em 2013.

- Quais as diferenças entre as paisagens?

______________________________________________

______________________________________________

**2.** Escreva nomes de cidades que surgiram ou se desenvolveram:

a) ao redor dos portos de onde partiam os navios levando principalmente açúcar.

______________________________________________

b) nas rotas dos tropeiros que transportavam mercadorias e animais.

______________________________________________

c) com a exploração do ouro.

______________________________________________

d) com o comércio do café.

______________________________________________

## *Ampliando horizontes...*

***site***

*IBGE Cidades*. Disponível em: <www.ibge.gov.br/cidadesat>. Acesso em: janeiro de 2015.
Página com várias informações sobre os municípios brasileiros.

# rede de ideias

## Cidades planejadas

**1** Leia o texto, observe a imagem e faça as atividades.

"Eu nasci de um plano, nasci do desejo popular de mudar a capital do Rio de Janeiro para o centro do Brasil. A ideia era trazer o desenvolvimento para as regiões do interior e ter uma capital mais protegida."

Lucília Garcez. *Brasília*: de cerrado a capital da República. 4. ed. São Paulo: Cortez, 2009. p. 2.

Acervo Iconographia

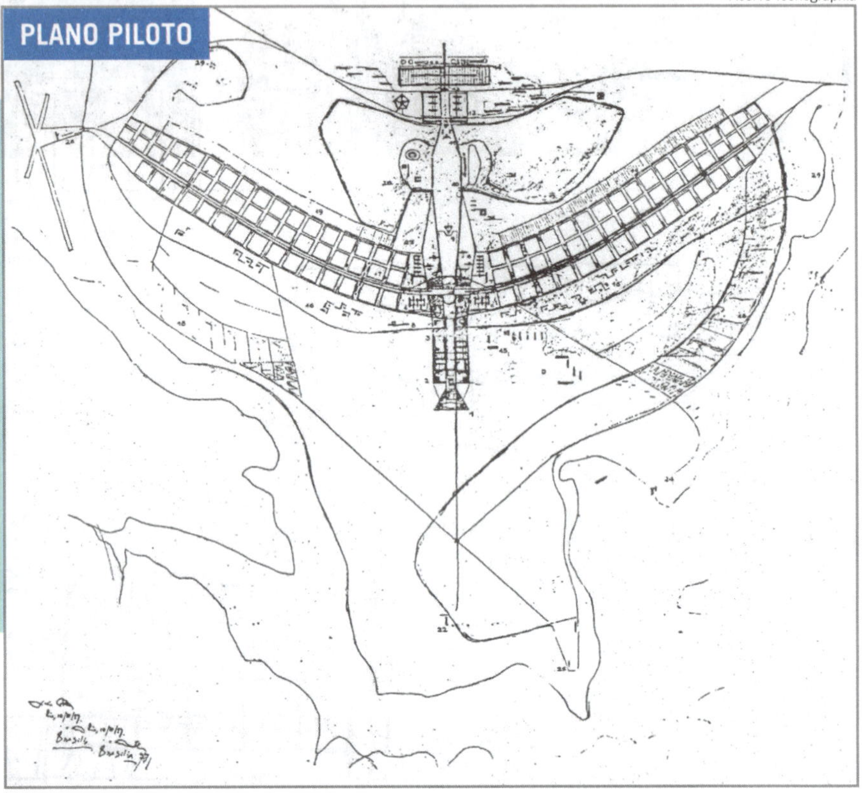


A construção de Brasília, iniciada em 1956, seguiu um projeto chamado Plano Piloto. Na imagem, vemos um dos desenhos desse projeto.

**a)** No texto, o narrador é uma cidade. Que cidade é essa?

______________________________

**b)** Antes de 1960, que cidade era a capital do Brasil?

______________________________

**c)** Na sua opinião, o Plano Piloto lembra o formato de algo? De quê?

______________________________

**2** Sublinhe no texto o trecho em que a narradora afirma ter sido planejada.

**3** Leia o texto e observe a imagem de satélite.

Algumas cidades brasileiras, como Brasília, foram projetadas antes de serem construídas. Nos projetos de construção dessas cidades, foram planejadas as áreas que seriam destinadas às moradias, ao comércio, às indústrias, ao lazer, entre outras. Mesmo tendo sido planejadas, essas cidades também enfrentam muitos problemas que outras cidades não planejadas possuem.

Image © 2014 DigitalGlobe/Google Earth

Imagem de satélite do Plano Piloto em 2008.

- Converse com os colegas sobre um problema comum nas grandes cidades brasileiras a respeito do qual você já ouviu falar. Faça um desenho ilustrando esse problema. ORAL

**4** Além do Plano Piloto, foram projetadas as cidades-satélites, que tiveram um grande crescimento. Pesquise em livros, jornais, revistas e internet e escreva:

**a)** o nome de algumas das cidades-satélites de Brasília.

______________________________________________

______________________________________________

**b)** outras cidades brasileiras que foram planejadas.

______________________________________________

**5** Agora é a sua vez de criar e planejar uma cidade!

Faça uma montagem com a planta e as figuras das páginas 13 e 15 do **Material Complementar**, localizando as áreas onde você colocaria as moradias, o comércio, a indústria, o parque, a praça, o hospital, a Prefeitura, a Câmara dos Vereadores, a escola etc. Depois, dê um nome à sua cidade planejada.

# QUAL É A PEGADA?

## sustentabilidade

## Cidade e natureza

Em muitas cidades do Brasil, governos e moradores adotam práticas para melhorar a vida de todos e, ao mesmo tempo, ajudar a preservar a natureza. São as chamadas **práticas sustentáveis**. Você conhece esses exemplos?

### Rio Branco, a cidade das bicicletas

Na cidade de Rio Branco, a capital do estado do Acre, a bicicleta é muito usada pelas pessoas. Para melhorar a segurança dos ciclistas, ciclovias e ciclofaixas começaram a ser construídas nessa cidade em 2006.

No ano de 2013, Rio Branco já tinha mais de 110 quilômetros de ciclovias e ciclofaixas em funcionamento.

**Ciclovia**: via para bicicletas separada da rua, geralmente, por muretas, canteiros ou calçadas.
**Ciclofaixa**: via ou faixa pintada ou demarcada na rua para a circulação de bicicletas.

Fotografias: Ricardo Torres/RBTRANS

Ciclovia na cidade de Rio Branco, capital do estado do Acre, em 2013.

Ciclofaixa na cidade de Rio Branco, capital do estado do Acre, em 2009.

Biry Sarkis

## Agricultura em São Paulo

Em São Paulo, uma cidade com muito asfalto e concreto, vários moradores plantam alface, couve, pimenta e outros alimentos em seus quintais, nas garagens de suas casas, nas áreas de serviço dos apartamentos ou até mesmo em vasinhos colocados nas varandas.

Assim, ao mesmo tempo que aumentam a área verde da cidade, os moradores consomem produtos sem agrotóxicos.

Edson Grandisoli/Pulsar Imagens

Horta comunitária da praça das Corujas, na cidade de São Paulo, no estado de São Paulo, em 2013.

1. Na sua opinião, como as práticas adotadas nas cidades de Rio Branco e de São Paulo contribuem para melhorar o meio ambiente e a vida dos habitantes? ORAL

2. Faça uma pesquisa em jornais, revistas, livros e *sites* da internet sobre outras práticas sustentáveis. Depois, converse com os colegas e o professor sobre práticas sustentáveis que seriam interessantes para o município onde vocês moram.

1

2

Rogerio Reis/Tyba

3

Marcos André/Opção Brasil Imagens

# UNIDADE 3

# O vai e vem nos lugares

Fotografia 1: funcionário de empresa no município de São Paulo, no estado de São Paulo (2009). Fotografia 2: centro comercial e empresarial no município do Rio de Janeiro, no estado do Rio de Janeiro (2010). Fotografia 3: aeroporto internacional do município de Campo Grande, no estado de Mato Grosso do Sul (2013). Fotografia 4: plataforma de estação ferroviária no município de São Paulo, no estado de São Paulo (2014).

Ed Viggiani/Pulsar Imagens

Converse com os colegas e o professor sobre as questões.

1. O que as pessoas retratadas estão fazendo?

2. Você, ou alguém de sua família, já foi a outro município, estado ou país? Para onde? Que meio de transporte foi utilizado?

3. Você já se comunicou com uma pessoa que mora em outro estado ou país? Se sim, como isso foi feito?

# Capítulo 1

# Os meios de transporte

Andar a pé, geralmente, faz bem à saúde. Mas, às vezes, precisamos usar meios de transporte para ir a lugares mais distantes ou de difícil acesso. Que meios de transporte você costuma utilizar? **ORAL**

Observe as fotografias.

Alexandre Tokitaka/Pulsar Imagens

O ônibus é um meio de transporte utilizado diariamente por muitas pessoas nas cidades e em vários lugares do Brasil e do mundo. Na fotografia, micro-ônibus em circulação na cidade de São Paulo, no estado de São Paulo, em 2012.

J. Duran Machfee/Futura Press

A bicicleta é um meio de transporte sustentável, pois não polui o ambiente. Além disso, andar de bicicleta é um bom exercício físico e faz bem à saúde. Em várias cidades do mundo, o uso da bicicleta como meio de transporte alternativo cresce a cada dia. Na fotografia, ciclistas em domingo ensolarado em ciclofaixas na cidade de São Paulo, no estado de São Paulo, em 2014.

Rogerio Reis/Tyba

Os barcos são importantes meios de transporte para as pessoas que utilizam os rios como vias de circulação. Na fotografia, terminal hidroviário na praia de Costinha, na cidade de Lucena, no estado da Paraíba, em 2013.

Gastão Guedes/Futura Press

Diariamente, milhares de pessoas em todo o mundo se deslocam de um lugar para outro por meio de aviões. Na fotografia, embarque de passageiros em avião no Aeroporto Internacional Juscelino Kubitschek, na cidade de Brasília, no Distrito Federal, em 2011.

Existem vários meios de transporte. Neles, as pessoas e as mercadorias circulam diariamente por diferentes lugares da Terra. Os meios de transporte são importantes para a relação entre as pessoas e os lugares.

1. Marque um **X** nas fotografias dos meios de transporte que você já utilizou.

2. Você conhece outros meios de transporte além dos mostrados nas fotografias? Se sim, quais?

_______________________________________________

_______________________________________________

3. Qual é o significado da frase "Os meios de transporte aproximam os lugares"?

_______________________________________________

_______________________________________________

# A evolução dos meios de transporte

Com a evolução da ciência e da tecnologia, os meios de transporte tornaram--se mais velozes, permitindo que o tempo de deslocamento entre um lugar e outro diminuísse. Observe estas imagens e leia os textos.

Rafael Monleon. 16th Century Caravel, s/d/Oronoz/Album/Latinstock

No século XVI (há mais de 500 anos), uma caravela levava mais de dois meses para vir de Portugal ao Brasil, atravessando o oceano Atlântico. As caravelas não possuíam motores e dependiam do vento e das condições do oceano para se locomover.

Atualmente, nos navios chamados transatlânticos, é possível fazer esse mesmo percurso em 15 dias. Os transatlânticos são equipados com motores que permitem o deslocamento na água a uma velocidade muito superior à alcançada pelas caravelas.

Graeme Lamb/Alamy/Diomedia

Daniel Klein

Underwood & Underwood/Corbis/Latinstock

Radim Beznoska/Alamy/Glow Images

Em 1927 ocorreu a primeira viagem de avião a cruzar o oceano Atlântico sem paradas. No avião estava apenas o piloto, Charles Lindbergh. O voo demorou cerca de 34 horas para ir dos Estados Unidos (América) à França (Europa). Atualmente, essa mesma viagem dura cerca de nove horas e é realizada por aviões que transportam muitos passageiros.

Fotografia 1: caravela do século XVI em pintura de Rafael Monleon, s/d. Aquarela, Museu Naval de Madri, Espanha. Fotografia 2: navio *Rainha Maria II*. Fotografia 3: avião usado por Charles Lindbergh em 1927 para seu voo solo sobre o oceano Atlântico. Fotografia 4: modelo de avião desenvolvido a partir da década de 1980.

**4.** No mapa, desenhe setas representando os percursos descritos no texto.

**5.** Como a evolução dos meios de transporte afetou as viagens realizadas entre a Europa e a América?

_______________________________________________

_______________________________________________

# Acesso aos meios de transporte

A evolução dos meios de transporte permitiu que as pessoas e as mercadorias chegassem mais rapidamente ao seu local de destino. Mas o acesso e as condições de uso dos meios de transporte não se tornaram iguais para todos.

Muitas pessoas não têm acesso a meios de transporte ou usam diariamente ônibus e trens superlotados. Além disso, em muitos lugares faltam portos, aeroportos e linhas de ônibus e trens, e nas ruas e nas estradas há congestionamentos e más condições de tráfego.

**Tráfego**: movimento ou fluxo de veículos.

Observe as fotografias e faça as atividades.

Ale Silva/Futura Press

Ponto de ônibus na cidade do Rio de Janeiro, no estado do Rio de Janeiro, em 2013.

Thomaz Vita Neto/Tyba

Avenida na cidade de São Luís, no estado do Maranhão, em 2010.

**6.** Que problemas estão retratados nas fotografias? No lugar onde você vive ocorrem esses problemas? Comente.

______________________________________________

______________________________________________

**7.** Na sua opinião, o que os problemas retratados causam na vida das pessoas?

______________________________________________

______________________________________________

**8.** Vocês acham que esses problemas poderiam ser resolvidos? Se sim, como? DUPLA

# Gente que faz!

## Os elementos de um mapa

Em geral, os mapas possuem alguns elementos que auxiliam a sua leitura. Esses elementos são o título, a escala, a legenda, a orientação e a fonte. Observe.

**Fonte**: Instituto Brasileiro de Geografia e Estatística (IBGE). *Atlas geográfico escolar*. 6. ed. Rio de Janeiro: IBGE, 2012. p. 143.

A **fonte** indica de onde as informações representadas no mapa foram obtidas e a data de sua publicação.

**1** Converse com um colega sobre as perguntas e registre as respostas no caderno. DUPLA

a) O que o mapa está representando? Onde vocês obtiveram essa informação?

b) De onde o mapa foi extraído, isto é, qual é a sua fonte?

c) Comparem a rede rodoviária (rede de estradas) com a rede ferroviária (de ferrovias) do Brasil. Qual delas é mais extensa? Que meios de transporte circulam por essas redes?

**2** Com base no mapa da página anterior, produzam outro mapa para representar dois possíveis percursos entre duas capitais de estado. Para isso, sigam as etapas. DUPLA

### Etapa 1

Observar atentamente o mapa da página anterior e escolher duas capitais que apresentem duas ou mais opções de trajeto.

### Etapa 2

Colocar um papel transparente sobre o mapa da página 11 e traçar os limites do território brasileiro e das Unidades da Federação. Localizar e escrever os nomes das capitais no seu mapa.

### Etapa 3

Traçar as rodovias e as ferrovias (se houver) que passam pelas duas capitais escolhidas. Para isso, coloque seu mapa sobre o mapa da página anterior. Com uma caneta ou lápis de cor, destaque os dois percursos mais curtos entre as duas capitais.

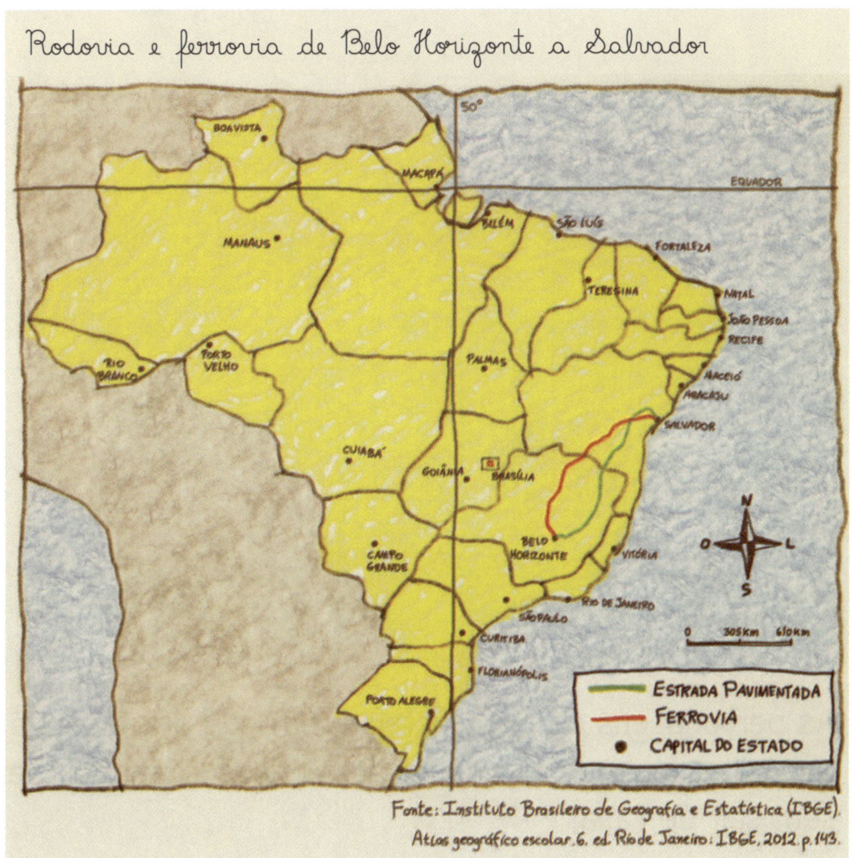

Paulo Manzi

### Etapa 4

Inserir no mapa os elementos que ajudam na leitura, como título, legenda, fonte, entre outros.

**3** Apresentem para os colegas e o professor o mapa que vocês fizeram e mostrem a(s) rede(s) de transporte selecionada(s) que pode(m) ser usada(s) nos percursos mais curtos entre as capitais escolhidas.

Capítulo 2

# Os meios de comunicação

Você ou alguém de sua família já se comunicou com uma pessoa de outro município, estado ou país? Como essa comunicação foi feita? ORAL

Destaque os quadrinhos da página 11 do **Material Complementar** e cole-os de acordo com a sequência do diálogo. COLE

1. As personagens da história falam em comprar acarajé por telefone. Hoje em dia, que outro meio de comunicação é utilizado para as pessoas comprarem produtos sem sair de casa?

_______________________________________________

2. Que outros meios de comunicação existem atualmente?

_______________________________________________

Os meios de comunicação conectam muitas pessoas em diferentes lugares. Podemos manter contato com as pessoas por telefone, carta ou *e-mail*. Através dos meios de comunicação, como a televisão, o rádio, jornais, revistas e internet, podemos também nos manter informados sobre os mais variados assuntos.

A diversidade e a evolução dos meios de comunicação não favorecem todas as pessoas, pois existe uma grande desigualdade no acesso a eles. Apesar do crescimento do número de moradias com computadores com acesso à internet, muitas pessoas ainda não estão conectadas a essa rede.

Fernando Favoretto/Criar Imagem

Fotografias: Thinkstock/Getty Images

Para nos mantermos informados a respeito dos acontecimentos no Brasil e no mundo, podemos contar com diversos meios de comunicação, como jornais, *tablets*, aparelhos de rádio ou de televisão.

**3.** Circule os meios de comunicação que você costuma usar no seu dia a dia. Que outros meios de comunicação você usa? Para que você usa esses meios de comunicação?

**4.** Na sua opinião, que benefícios o uso da internet pode proporcionar?

**5.** Destaque as figuras da página 9 do **Material Complementar** e identifique os cuidados que é preciso ter ao utilizar a internet. Cole-as no caderno e faça uma lista com outros cuidados ou atitudes que considera importantes. Apresente-a aos colegas e ao professor. COLE

## Atividades

**1.** Encontre no diagrama três meios de transporte e cinco meios de comunicação.

| | | | | | | | | | | | | | | |
|---|---|---|---|---|---|---|---|---|---|---|---|---|---|---|
| A | M | T | Z | U | I | L | F | O | T | D | G | I | H | R |
| A | F | M | Z | T | E | L | E | V | I | S | Ã | O | U | C |
| B | T | R | A | U | A | O | C | R | A | D | F | R | L | E |
| C | O | M | P | U | T | A | D | O | R | C | T | E | S | L |
| M | C | A | N | R | R | M | B | N | R | T | C | V | C | U |
| E | M | O | T | O | C | I | C | L | E | T | A | I | A | L |
| T | A | F | D | R | Á | D | I | O | V | L | P | S | N | A |
| R | V | B | Q | B | P | O | C | R | C | U | E | T | O | R |
| Ô | I | K | L | N | I | L | J | E | I | S | D | A | A | B |

**2.** A imagem ao lado foi utilizada na campanha publicitária de uma empresa de telecomunicações. Que mensagem ela transmite? Assinale com um X.

- [ ] Temos a impressão de que o mundo está menor.
- [ ] Temos a impressão de que o mundo está cada vez maior.
- [ ] Com os meios de comunicação atuais, a distância entre os lugares não é um problema para as pessoas se comunicarem.

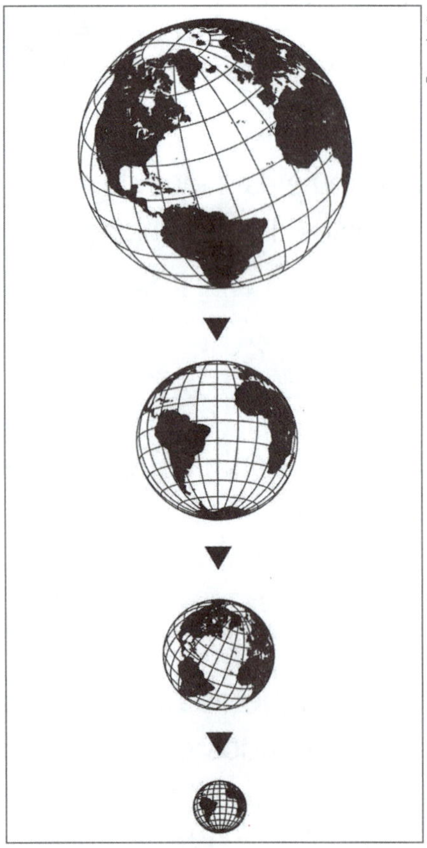



Parte da campanha publicitária da empresa de telefonia Alcatel.

3. Explique a frase: "No Brasil, o acesso aos meios de comunicação e de transporte é desigual".

______________________________________________

______________________________________________

______________________________________________

______________________________________________

______________________________________________

4. Complete as frases com as palavras do quadro.

| transporte | ônibus | telefone | internet |
|---|---|---|---|
| comunicação | mercadorias | pessoas | |

a) Os meios de ______________________ e os meios de transporte conectam lugares e pessoas.

b) Os ______________________ são meios de transporte coletivo bastante utilizados nas cidades.

c) O ______________________ e a internet são meios de comunicação que possibilitam às pessoas comprar ______________________ sem sair de casa.

d) O grande avanço nos meios de ______________________ permite que ______________________ e mercadorias cheguem mais rapidamente ao local de destino.

e) Ainda há muitos lugares do Brasil e do mundo que não estão conectados à ______________________.

**5.** Escreva uma frase contendo ao menos cinco palavras da atividade anterior.

**6.** Vá até a página 7 do **Material Complementar** e destaque as figuras que retratam problemas relacionados ao uso dos meios de transporte. Cole-as nos espaços abaixo. Crie uma frase para cada imagem.

COLE

**7.** Observe o mapa e responda às questões.

**Fonte**: Vera Caldini e Leda Ísola. *Atlas geográfico Saraiva*. São Paulo: Saraiva, 2013. p. 82.

**a)** O que o mapa representa?

______________________________________________

**b)** Qual é o significado das linhas verdes e das linhas vermelhas no mapa? De onde você retirou essa informação?

______________________________________________

______________________________________________

**c)** Que rodovias ligam São Paulo diretamente a Ourinhos? São rodovias estaduais ou rodovias federais?

______________________________________________

## *Ampliando horizontes...*

### *site*

*Museu Virtual do Transporte Urbano*. Disponível em: <www.museudantu.org.br>. Acesso em: fevereiro de 2015.
Nesse *site* você encontra informações e imagens sobre a evolução tecnológica e o uso dos meios de transporte no Brasil e no mundo.

# rede de ideias

## Comunicação ontem e hoje

No final do século XIX, ocorreram muitas invenções que facilitaram a comunicação entre as pessoas. Diversos equipamentos de comunicação inventados nesse período se desenvolveram ao longo do tempo e são bastante comuns nos dias de hoje.

Observe as imagens e faça as atividades da página seguinte.

Thinkstock/Getty Images

*Jukebox* da década de 1940. O *jukebox* é uma máquina que reproduz música ao se inserirem moedas. Os primeiros modelos surgiram no início do século XX.

Thinkstock/Getty Images

Rádio da década de 1960. A primeira transmissão de rádio no Brasil ocorreu em 1922.

Thinkstock/Getty Images

Telefone da década de 1920. O telefone foi inventado na segunda metade do século XIX.

Gino's Premium Images/Alamy/Diomedia

Aparelho de televisão da década de 1960. A primeira televisão surgiu em 1928.

**1** Reúnam-se em trios e respondam às questões no caderno.

a) Comparem os equipamentos de comunicação de antigamente com os atuais e escrevam as principais diferenças que vocês observam entre eles.

b) Na sua opinião, qual é a importância dos meios de comunicação nos dias de hoje para a educação, o lazer e o comércio?

**2** Mostre as fotografias dos aparelhos antigos que estão nestas duas páginas a alguém com mais de 50 anos. Peça a essa pessoa que relate experiências que teve com esses equipamentos. Anote no caderno o que você achar interessante. Depois, na sala de aula, converse com o professor e os colegas. **ORAL**

- A relação das pessoas com os meios de comunicação se modificou à medida que os equipamentos foram mudando? De que forma?

Thinkstock/Getty Images

O MP3 é um aparelho capaz de armazenar músicas com alta qualidade de reprodução sonora. Os primeiros aparelhos de MP3 surgiram no final da década de 1990.

Thinkstock/Getty Images

Telefone da década de 1970.

Jacek Lasa/Alamy/Diomedia

Aparelho celular com televisão, rádio e acesso à internet. Este modelo passou a ser comercializado a partir de 2012.

Thinkstock/Getty Images

Moderno aparelho de televisão de LED: imagens mais nítidas em um aparelho de menor espessura.

Tasso Marcelo/Estadão Conteúdo

Fotografia 1: exploração de minério de ferro no Complexo de Carajás, no estado do Pará, em 2011. Fotografia 2: linha de produção de aço na cidade do Rio de Janeiro, no estado do Rio de Janeiro, em 2011. Fotografia 3: operário trabalhando na fabricação de automóvel em fábrica na cidade de São José dos Campos, no estado de São Paulo, em 2010. Fotografia 4: venda de automóvel na cidade de São Paulo, no estado de São Paulo, em 2010.

# UNIDADE 4

# Da produção ao consumo

Tasso Marcelo/Estadão Conteúdo

Marcos Issa/Bloomberg via Getty Images

Paulo Liebert/Estadão Conteúdo

Converse com os colegas e o professor sobre as questões.

1. As fotografias mostram as etapas de fabricação de um produto. Que produto é esse?

2. Leia os itens e indique a fotografia com qual cada um deles se relaciona.

- [ ] Produção do aço
- [ ] Extração de minério de ferro
- [ ] Venda do automóvel
- [ ] Montagem do automóvel

Capítulo 1

# A indústria

Muitos objetos que utilizamos são produzidos na indústria.
Na sua sala de aula há objetos feitos em uma indústria? Cite alguns deles. **ORAL**

Observe as fotografias e faça as atividades.

Fotografias: Alex Tauber/Pulsar Imagens

1

2

O aço é o principal componente na fabricação de alguns eletrodomésticos, como geladeiras, fogões e máquinas de lavar. Fotografia 1: linha de montagem de uma fábrica de geladeiras na cidade de Joinville, no estado de Santa Catarina, em 2013. Fotografia 2: linha de montagem de máquinas de lavar na cidade de Rio Claro, no estado de São Paulo, em 2013.

**1.** Que produtos estão sendo fabricados nessas indústrias?

______________________________________________

**2.** Qual é o principal componente utilizado na fabricação de alguns eletrodomésticos?

______________________________________________

Indústria é a **atividade econômica** de transformação de uma **matéria-prima** em produtos que serão utilizados pelas pessoas ou pela própria indústria muitas vezes para a fabricação de outros produtos. O aço, por exemplo, é uma matéria-prima muito utilizada pelas indústrias.

**Atividade econômica**: atividade que gera produtos, trabalho, renda (dinheiro) e serviços.
**Matéria-prima**: principal componente utilizado na fabricação de um produto.

**3.** Escreva o nome de uma matéria-prima utilizada na fabricação de um produto que você usa no seu dia a dia.

______________________________________________

# Indústria e meio ambiente

Durante a transformação da matéria-prima, muitas indústrias liberam gases prejudiciais aos seres vivos e substâncias que poluem a água dos rios e dos mares.

No entanto, existem leis que obrigam as indústrias a diminuir os impactos que causam ao ambiente. Duas medidas obrigatórias por lei, por exemplo, são a colocação de filtros de ar nas chaminés das indústrias e o tratamento da água poluída antes de ela ser despejada nos rios. As mineradoras são obrigadas por lei a recuperar as áreas que exploram, replantando espécies vegetais.

**Mineradora**: indústria que retira da natureza, com o uso de equipamentos modernos, diversas matérias-primas, como minério de ferro, cobre e petróleo.

Marcos Negrini

Área de mineração no município de Poconé, no estado de Mato Grosso, em 2011.

**4.** Façam uma pesquisa em livros, revistas e na internet para descobrir: GRUPO

**a)** outros problemas ambientais que as indústrias podem causar;

**b)** como esses problemas ambientais podem ser amenizados ou resolvidos;

**c)** se as indústrias existentes no seu município ou estado já causaram ou causam algum dano ambiental. Se a resposta for positiva, descubram que dano é esse e se alguma medida já foi tomada para resolver o problema.

- Mostrem o resultado da pesquisa aos colegas e ao professor e, juntos, elaborem uma carta para ser enviada a um jornal municipal ou estadual. Na carta, vocês podem denunciar os problemas ambientais identificados ou elogiar as indústrias que tomam medidas de proteção ambiental.

# Do artesanato à indústria

Universal History Archive/Getty Images

Antes do surgimento das indústrias, a transformação da matéria-prima ocorria apenas por meio do artesanato. Na atividade artesanal predominava o trabalho individual e, muitas vezes, a produção acontecia na casa do artesão ou em uma oficina.

O uso de novas tecnologias na fabricação de produtos passou a exigir lugares especiais para a produção. Nesses lugares, que receberam o nome de **fábricas**, ficavam as máquinas e os operários, que passaram a receber um salário em troca do seu trabalho.

No século XVIII, os artesãos faziam trabalhos manuais ou utilizavam instrumentos simples, como facas, tesouras, martelos e agulhas. A imagem mostra um fabricante de pincéis em sua bancada de trabalho. Xilogravura de cerca de 1754 colorida a mão.

**5.** Veja a imagem a seguir e responda: que diferenças podem ser observadas em relação ao trabalho artesanal?

Mansell/Time Life Pictures/Getty Images

No começo da industrialização, os operários trabalhavam até 16 horas por dia. A imagem mostra operários em uma fábrica de tecido na Inglaterra. Gravura de 1833.

Com a utilização de máquinas e o desenvolvimento de técnicas de produção, a indústria passou a produzir em larga escala e em série. **Em larga escala** significa que a indústria produzia uma grande quantidade de produtos. **Em série** porque os bens começaram a ser fabricados de acordo com um padrão para ficarem iguais.

Nos últimos anos, uma inovação importante ocorrida nas grandes indústrias foi a utilização de robôs. Robôs são máquinas de vários tamanhos e formas programadas para realizar diversas tarefas com rapidez e eficiência.

Ullstein Bild/Glow Images

Operários trabalhando em linha de montagem de automóvel na cidade de Detroit, nos Estados Unidos, em 1934.

Imaginechina/Corbis/Latinstock

Robôs trabalhando em linha de montagem de automóvel em Zhejiang, na China, em 2012.

Converse com um colega e responda às perguntas no caderno. DUPLA

**6.** Na sua opinião, por que muitas indústrias passaram a utilizar robôs?

**7.** Você acha que a utilização de robôs nas indústrias tem aumentado o desemprego no Brasil e no mundo? Por quê?

Capítulo 2

# O comércio

Como a maior parte das pessoas não produz o que consome, é necessário comprar. Dê exemplos de produtos que a sua família precisa comprar no dia a dia. Diga em que lugares esses produtos são comprados. **ORAL**

Observe a fotografia e leia a legenda.

João Prudente/Pulsar Imagens

Interior do Mercado Municipal Thales Ferraz, na cidade de Aracaju, no estado de Sergipe, em 2009. Esse estabelecimento foi fundado em 1926 para concentrar o comércio de vários tipos de produto, como alimentos, utilidades domésticas, artesanato, entre outros.

**1.** Que local foi retratado na fotografia? Onde está localizado?

______________________________________________

**2.** Que produtos são vendidos nesse lugar?

______________________________________________

**3.** No município onde você vive existe um mercado municipal? Se houver, que tipos de produto são vendidos nele?

______________________________________________

O comércio é a atividade econômica de compra, venda ou troca de produtos, também chamados de **mercadorias**.

A atividade comercial ocorre tanto no campo quanto na cidade. Mas é na cidade que se concentram os estabelecimentos comerciais, locais onde as mercadorias são vendidas. Mercado, padaria, farmácia e restaurante são exemplos de estabelecimentos comerciais encontrados principalmente nas cidades. Observe a fotografia.

Sofia Colombini

Hipermercado na cidade de Tianguá, no estado do Ceará, em 2012. Esse tipo de estabelecimento comercializa uma grande variedade de produtos, como alimentos, roupas, materiais de limpeza e eletrodomésticos.

**4.** Escreva alguns exemplos de estabelecimentos comerciais que existem no município onde você vive.

______________________________________________

______________________________________________

**5.** Na sua opinião, esses estabelecimentos atendem às necessidades dos moradores do município? Converse com o professor e os colegas. ORAL

# Os vendedores ambulantes

Observe a fotografia.

Palê Zuppani/Pulsar Imagens

Vendedores ambulantes trabalhando na Prainha, no município de Paulo Afonso, no estado da Bahia, em 2010.

**6.** A fotografia retrata vendedores ambulantes com seus carrinhos em uma praia. Você sabe o que é um vendedor ambulante?

_______________

_______________

Muitos ambulantes fazem parte do chamado **comércio informal**, constituído por comerciantes que não têm registro na Prefeitura, ou seja, não têm autorização para vender suas mercadorias. Esses trabalhadores não pagam impostos nem têm acesso aos direitos trabalhistas, como férias, aposentadoria e licença-maternidade ou paternidade.

Hoje em dia, no entanto, há ambulantes com registro e autorização das prefeituras para trabalhar em determinados locais, como as praias, por exemplo.

**7.** Que diferenças existem entre os vendedores ambulantes ou camelôs e outros profissionais que trabalham no comércio?

_______________

_______________

_______________

# O comércio eletrônico

**8.** Você, ou alguém que você conhece, já fez alguma compra pela internet? Na sua opinião, quais são as vantagens desse tipo de compra? E as desvantagens? **ORAL**

O uso cada vez mais comum da internet e dos cartões magnéticos facilita o chamado comércio eletrônico, pelo qual é possível vender e comprar mercadorias sem comparecer ao estabelecimento comercial. Observe o gráfico.

**BRASIL – Consumidores *on-line* (2004-2014)**
**Número de consumidores em milhões**

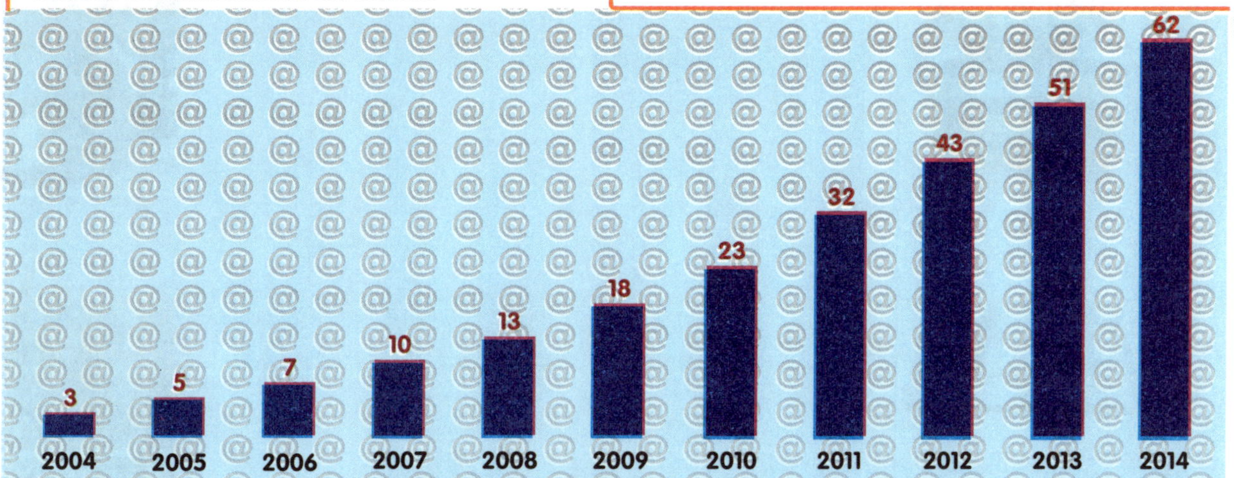


**Fonte:** ebit. Disponível em: <www.e-commerce.org.br>. Acesso em: fevereiro de 2015.

**9.** Segundo o gráfico, quantos consumidores *on-line* havia no Brasil em 2004? E em 2014?

______________________________________________

______________________________________________

**10.** De quanto foi o crescimento de consumidores *on-line* de 2004 para 2014?

______________________________________________

**11.** Apesar do crescimento de consumidores *on-line* no Brasil, muitas pessoas não realizam comércio pela internet ou pelo telefone. Na sua opinião, por que isso acontece?

______________________________________________

______________________________________________

# Atividades

**1.** Ligue o produto industrializado à matéria-prima usada na fabricação dele.

**Produto**

Cristina Xavier/finephoto

Steve Gorton/Dorling Kindersley/Getty Images

Cristina Xavier/finephoto

Rita Barreto

**Matéria-prima**

Jupiter Unlimited/Other Images

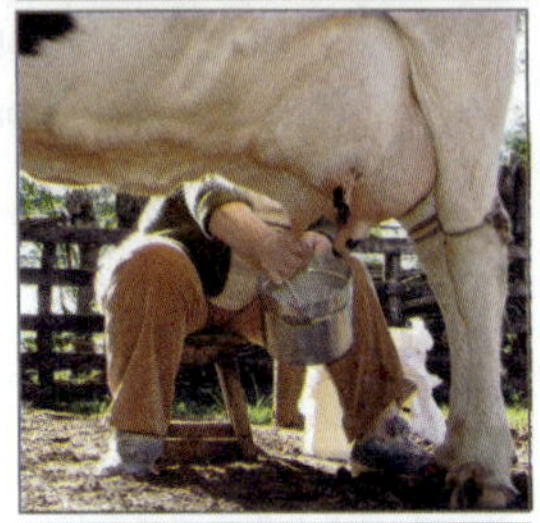
Gerson Gerloff/Pulsar Imagens

Thinkstock/Getty Images

Douglas Peebles/Corbis/Latinstock

**2.** Escreva o que você entende por:

a) indústria.

______________________________________________

______________________________________________

b) matéria-prima.

______________________________________________

c) comércio.

______________________________________________

**3.** Observe a fotografia e faça as atividades.

Indústria na cidade de Kyoto, no Japão. Fotografia de 2013.

a) Que problema essa indústria está causando ao ambiente?

_______________________________________________

b) Que outros problemas ambientais podem ser causados pelas indústrias?

_______________________________________________

c) O que deve ser feito para que esses problemas causados pelas indústrias diminuam ou não ocorram?

_______________________________________________

_______________________________________________

**4.** Pinte os quadros das frases de acordo com a legenda abaixo.

- (azul) Robôs.
- (vermelho) Artesanato.
- (verde) Produção em larga escala.
- (amarelo) Produção em série.

| O trabalho é principalmente individual. |
|---|
| Produção de grande quantidade de produtos. |
| Fabricação de produtos de acordo com um padrão. |
| Máquinas programadas para realizar tarefas com rapidez e eficiência. |

**5.** Observe a fotografia, leia as dicas e complete a cruzadinha.

Paulo Fridman/Pulsar Imagens

Interior de uma livraria na cidade do Rio de Janeiro, no estado do Rio de Janeiro, em 2010.

1. Produto que está sendo vendido.
2. Estabelecimento comercial onde o produto está sendo vendido.
3. Atividade econômica retratada na fotografia.

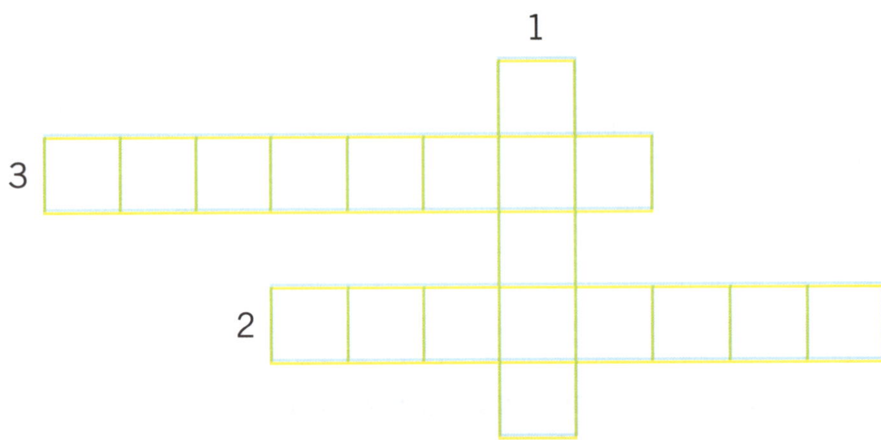

**6.** Copie as frases, completando com estas palavras.

estabelecimentos comerciais | hipermercado | camelô | consumidores | mercadorias

**a)** O ______________________ é um vendedor que trabalha nas ruas e calçadas expondo suas ______________________ em barracas ou em semáforos.

**b)** Os ______________________ são locais onde as mercadorias são comercializadas.

c) Um exemplo de estabelecimento comercial é o _______________________, onde é encontrada grande variedade de mercadorias.

d) As pessoas que fazem compras nos estabelecimentos comerciais são chamadas de _______________________.

7. Hoje em dia, o artesanato ainda é uma importante atividade econômica para muitos brasileiros. Pesquise em revistas, jornais e na internet alguns produtos do artesanato brasileiro. Cole as imagens desses produtos no espaço abaixo, informando como eles são produzidos e a região onde eles são confeccionados.

RECORTE E COLE

## Ampliando horizontes...

### livro

***A loja da dona Raposa***, de Hardy Guedes, Scipione.
Dona Raposa está triste porque precisa fechar a sua loja. Ela já não sabe o que fazer com os pedidos absurdos dos bichos: gravata para a girafa, calça para a centopeia, entre outros.

### filme

***Robosapien – O meu melhor amigo***, direção de Sean McNamara. Estados Unidos, 2013.
Inventor cria um robô para resgatar pessoas em perigo. Depois de descobrir que o robô será usado em operações militares, o inventor o programa para fugir. Vinte anos mais tarde, um garoto encontra esse robô e lhe dá o nome de Cody.

# rede de ideias

## O trabalho das mulheres

**1** Observe as fotografias e leia as legendas.

Acervo/Estadão Conteúdo

Antigamente havia muitas mulheres trabalhando como operárias em tecelagens e indústrias de confecção e de alimentos. Na fotografia acima, mulheres trabalhando em confecção na cidade de São Paulo, no estado de São Paulo, em 1964.

Bruno Magalhães/Nitro

Hoje, muitas mulheres ocupam cargos de chefia em empresas e realizam trabalhos mais técnicos e especializados. Isso acontece porque muitas passaram a ter mais acesso a escolas e universidades, conquistando profissões que, antes, eram consideradas masculinas. Na fotografia, escritório de empresa de engenharia na cidade de Belo Horizonte, no estado de Minas Gerais, em 2011.

- Converse com os colegas e o professor sobre como o acesso aos estudos influenciou as atividades de trabalho das mulheres no Brasil. Escreva uma frase sobre o que vocês conversaram.

______________________________________________

______________________________________________

______________________________________________

______________________________________________

**2** Na sua opinião, existe preconceito em relação às mulheres que fazem trabalhos antes considerados masculinos? Explique por que você acha isso.

______________________________________________

______________________________________________

______________________________________________

**3** Observe as fotografias e leia as legendas.

Bruno Magalhães/Nitro

No Brasil, grande parte das mulheres que trabalham está empregada no comércio. Na fotografia, loja na cidade de Ituiutaba, no estado de Minas Gerais, em 2010.

Fernando Favoretto/Criar Imagem

Mulher trabalhando como frentista em posto de gasolina na cidade de São Paulo. Fotografia de 2014.

Selecione e recorte imagens de jornais e revistas onde apareçam mulheres em outros tipos de trabalho, como em atividades de chefia, por exemplo, e também em atividades antes consideradas masculinas, como motoristas de ônibus, engenheiras, entre outras. Cole-as no espaço abaixo. Depois, converse com os colegas e o professor sobre a presença de mulheres nas diversas áreas de trabalho.

RECORTE E COLE

# QUAL É A PEGADA?

## consumo

# A propaganda

1. Qual é a importância da propaganda para a venda dos produtos? ORAL

Sem as propagandas, muitos produtos não seriam conhecidos pelas pessoas, o que, provavelmente, reduziria a quantidade de mercadorias vendidas. Assim, a propaganda serve para apresentar um produto às pessoas, informando como ele é e, muitas vezes, para que ele serve.

Biry Sarkis

2. Existem muitas propagandas de produtos para as crianças. Que produtos são esses?

________________________________________

________________________________________

3. Muitas propagandas fazem as pessoas desejarem muito ter um produto. Depois de comprado, pode ocorrer de o produto ser pouco utilizado. Isso já aconteceu com você? Escreva como foi essa experiência.

________________________________________

________________________________________

________________________________________

É possível brincar e se alimentar sem exagerar na compra de produtos. Veja algumas sugestões.

**Eu quero ou eu preciso?**

Vocês já pararam para pensar de onde vem a nossa vontade de comprar alguma coisa? Será que tudo o que é anunciado na tevê nos interessa de verdade ou é um desejo passageiro? [...] que tal combinar primeiro o que vamos comprar antes de ir passear num *shopping* ou supermercado? [...] Outra ideia bacana é fazer uma economia junto com nossos pais para comprar algo que queremos muito ou escolher uma data bem especial para esse presente.

**Ganhou, doou!**

Para que os armários não fiquem cheios de coisas guardadas que não usamos mais e ocupem muito espaço, que tal fazer um combinado? Para cada brinquedo ou roupa nova que ganhar ou comprar, que tal doar aquilo que ficou antigo para outras crianças? E o mais legal é que, para o novo dono, tudo será novo de novo! [...]

**Sabia que lanches mais saudáveis podem gerar menos lixo?**

[...] Frutas, sucos naturais e sanduíches feitos em casa são uma boa opção para nossa saúde e para a natureza. Uma boa ideia é tentar escolher nossos lanches não só pelos personagens que estão nas embalagens, mas pelas coisas boas que esses alimentos podem trazer para nossa saúde. Usar lancheiras ou potinhos também contribui para diminuir o lixo. Peça ajuda para seus pais!

Ilustrações: Biry Sarkis

Disponível em: <http://biblioteca.alana.org.br/banco_arquivos/Arquivos/downloads/ebooks/caderno.pdf>. Acesso em: março de 2015.

4. Depois de ler essas sugestões, você mudaria algo em seus hábitos de consumo? Comente com os colegas e o professor. ORAL

# UNIDADE 5

# A produção no campo

A imagem maior mostra alguns produtos utilizados como alimentos ou fabricados pela indústria. As imagens pequenas mostram, respectivamente, da esquerda para a direita, plantação de algodão, frango, feijão e arroz.

Converse com os colegas e o professor sobre as questões.

**1.** Que alimentos aparecem nessa imagem?

**2.** A origem desses alimentos é a cidade ou o campo?

**3.** Destaque as figuras da página 5 do **Material Complementar** e cole-as na imagem, relacionando cada matéria-prima ao produto adequado. COLE

Capítulo 1

# Agricultura e pecuária

Quando você chupa uma laranja ou come um tomate, já parou para pensar nas etapas de produção desses alimentos até eles estarem prontos para serem colhidos? ORAL

Observe as fotografias.

Fotografias: Delfim Martins/Pulsar Imagens

Essas fotografias mostram três etapas de uma produção na área rural de Taquarival, no estado de São Paulo, em 2012. Na fotografia 1, preparo da terra para o plantio; na fotografia 2, colheita do produto; na fotografia 3, carregamento do produto.

**1.** Que produto foi cultivado? Qual é o destino desse produto após a colheita?

______________________________

______________________________

# A agricultura no Brasil

A **agricultura** é a atividade econômica de preparar e cultivar a terra para a obtenção de diversos produtos. Geralmente, a atividade agrícola é desenvolvida no campo.

O Brasil é um grande produtor agrícola. Entre os produtos mais cultivados no país estão: soja, cana-de-açúcar, milho, mandioca, laranja, café, feijão e arroz. O feijão é um dos alimentos mais consumidos pelos brasileiros, e a maior parte da cana-de-açúcar é utilizada na produção de etanol (álcool combustível) e de açúcar. Observe os mapas e responda às questões.

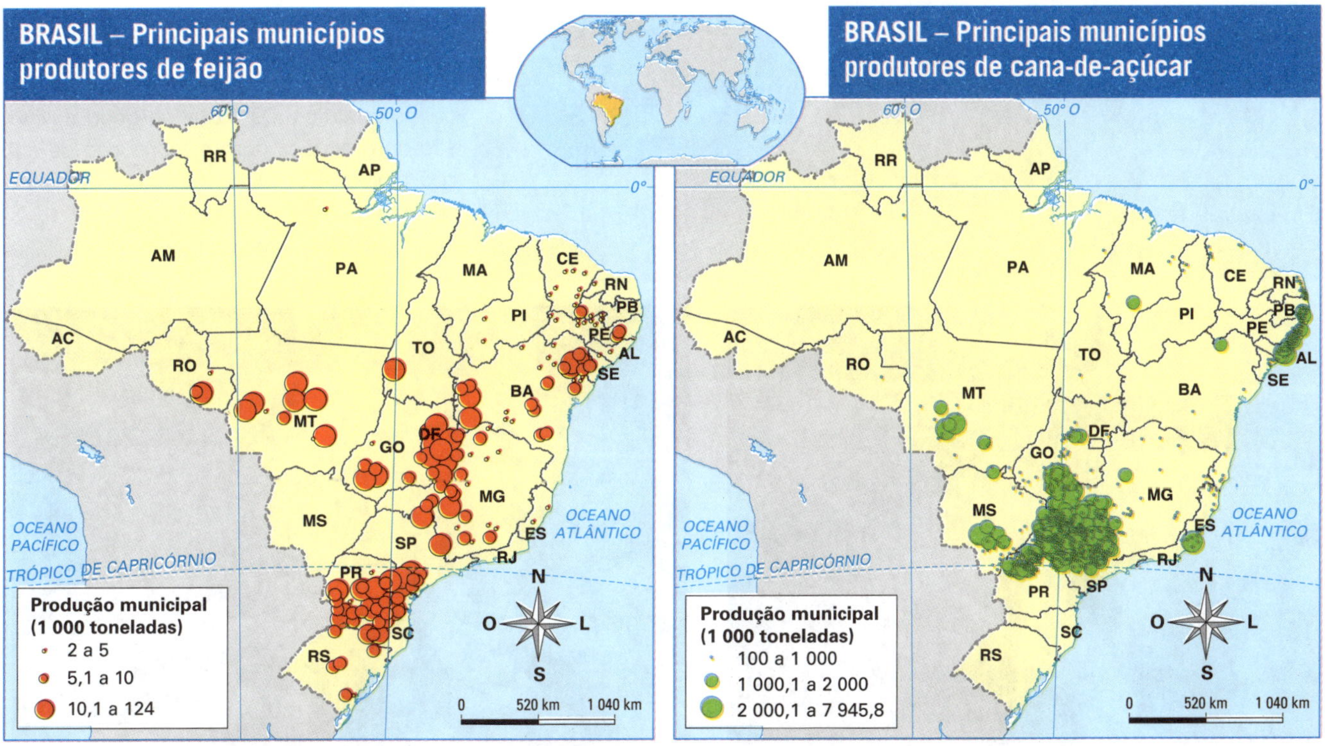


**Fonte**: Instituto Brasileiro de Geografia e Estatística (IBGE). *Atlas geográfico escolar*. 6. ed. Rio de Janeiro: IBGE, 2012. p. 129.

**2.** Qual cultivo abrange mais estados brasileiros: feijão ou cana-de-açúcar?

______________________________________________

**3.** Que estado concentra o maior número de municípios produtores de cana-de-açúcar?

______________________________________________

**4.** Na Unidade da Federação onde você mora há produção de feijão ou de cana-de-açúcar?

______________________________________________

# A pecuária no Brasil

**5.** Você consome produtos de origem animal? Que produtos são esses e de que animal eles se originam? **ORAL**

Observe as fotografias e leia os textos sobre algumas criações de animais no Brasil.

Delfim Martins/Pulsar Imagens

No Brasil, o **gado bovino** (bois e vacas) é aproveitado, principalmente, para o consumo da carne e para a produção de leite e de seus derivados (manteiga, queijo, entre outros). A carne do gado bovino também é utilizada como matéria-prima na indústria de alimentos, como salsicha e linguiça, e a pele dos animais é transformada em couro para a fabricação de calçados, cintos e outros artefatos. Os ossos do gado bovino são aproveitados para a fabricação de ração animal, botões e outras mercadorias. Na fotografia, gado pastando na zona rural do município de Itiquira, no estado de Mato Grosso, em 2011.

Cláudio Gonçalves/Folhapress

O **gado suíno** (porcos) é aproveitado, principalmente, para o consumo de carne e de gordura. Na indústria, a carne dos porcos é utilizada na produção de linguiça, salsicha, presunto e outros alimentos industrializados. A fotografia mostra uma criação de suínos no município de Toledo, no estado do Paraná, em 2013.

Ernesto Reghran/Pulsar Imagens

A **criação de frangos e galinhas** é destinada principalmente ao consumo de carne e de ovos. As penas das aves são aproveitadas para a fabricação de travesseiros, petecas, fantasias de carnaval e outros produtos. Na fotografia, criação de aves no município de Cafelândia, no estado do Paraná, em 2012.

A atividade econômica de criação de animais com o objetivo de fornecer alimentos para as pessoas e matérias-primas para a indústria é chamada de **pecuária**.

**6.** Você já viu ou conhece outros tipos de criação animal? Se sim, quais?

---

7. Observe o mapa e responda às questões.

**Fonte:** Vera Caldini e Leda Ísola. *Atlas geográfico Saraiva*. São Paulo: Saraiva, 2013. p. 45.

a) Que rebanhos estão representados no mapa?

_______________

_______________

_______________

_______________

b) Qual é o maior rebanho?

_______________

c) Que rebanho(s) há na UF onde você mora? Circule na legenda do mapa. ORAL

## A pecuária orgânica

A **pecuária orgânica** tem sido cada vez mais frequente no Brasil e em outros países.

Nessa prática, os animais são criados soltos, sua alimentação é mais natural e eles não recebem substâncias para acelerar seu crescimento.

Na pecuária orgânica há preocupação em não prejudicar a saúde dos animais e das pessoas. Também há preocupação em não afetar os elementos naturais (como o solo e a água).

Epitácio Pessoa/Estadão Conteúdo

Aves criadas em uma granja orgânica situada no município de Jaguariúna, no estado de São Paulo, em 2008.

8. Converse com um familiar sobre a pecuária orgânica. Caso seus familiares consumam esses produtos, entreviste-os. Registre a resposta no caderno e converse sobre o assunto com os colegas e o professor.

Capítulo 2

# Outras atividades no campo

## O extrativismo

Geladeiras, fogões, panelas, joias e materiais de construção. Na sua opinião, a matéria-prima de algum desses produtos é obtida no campo? ORAL

O **extrativismo** é a atividade econômica de extração de recursos que existem na natureza. Esses recursos podem ser minerais, animais ou vegetais. Existem minerais na constituição de diversos produtos. O minério de ferro, o cobre, a bauxita (com a qual se faz o alumínio), o petróleo, o ouro e a areia são exemplos desses minerais.

Eduardo Zappia/Pulsar Imagens

A atividade econômica de retirada ou extração dos minerais da natureza denomina-se **extrativismo mineral**.

A extração de minerais pode ser realizada por garimpeiros (trabalhadores que utilizam ferramentas simples) ou por empresas mineradoras, que usam máquinas e equipamentos sofisticados. Na fotografia, esteiras transportadoras de carvão mineral, no município de Criciúma, no estado de Santa Catarina, em 2010.

1. Pesquisem um mineral extraído no Brasil. Em uma folha à parte, escrevam onde e como esse mineral é extraído, se a extração causa danos ambientais e o uso feito desse mineral. Colem na folha imagens sobre o que vocês pesquisaram. Exponham o trabalho em um mural, que deve ter como título *Recursos minerais do Brasil*. GRUPO

Observe esta fotografia.

Evelson de Freitas/Estadão Conteúdo

Trabalhador coletando castanhas-do-pará no lago da Macaxeira, no município de Oriximiná, no estado do Pará, em 2013.

A atividade retratada na fotografia faz parte do **extrativismo vegetal**, que é a retirada de produtos como folhas, frutos, raízes e troncos das florestas e matas.

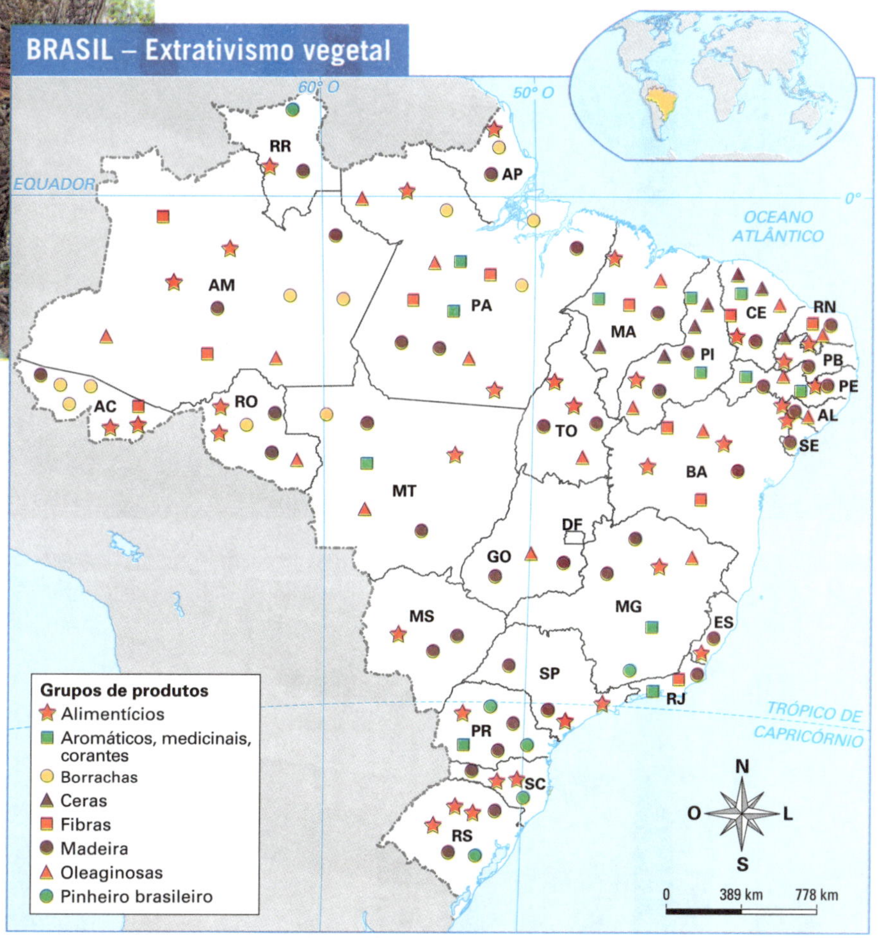


Sonia Vaz

**Fonte:** Vera Caldini e Leda Ísola. *Atlas geográfico Saraiva.* São Paulo: Saraiva, 2013. p. 44.

**2.** Observe no mapa acima os locais de onde são retirados alguns dos principais produtos do extrativismo vegetal brasileiro.

a) No mapa, pinte os estados onde se realiza a extração de borrachas.

b) Que produtos são extraídos na UF onde você mora?

_______________________________________________

O **extrativismo animal** refere-se às atividades de pesca e caça de animais silvestres. Depois de retirados da natureza, os peixes e os animais são utilizados como alimento ou como matéria-prima nas indústrias.

# A agroindústria

As **agroindústrias** são indústrias geralmente instaladas próximo às áreas de produção ou de extração da matéria-prima que utilizam. No Brasil, há agroindústrias de suco, pasta de celulose (retirada da madeira para a fabricação de papel), açúcar, álcool, entre outras.

Delfim Martins/Pulsar Imagens

Vista aérea de uma usina de açúcar e álcool no município de Sertãozinho, no estado de São Paulo, em 2013. No Brasil, o açúcar e o álcool são produzidos principalmente a partir da cana-de-açúcar.

Silva Junior/Folhapress

Produção de sucos em agroindústria localizada no município de Tabatinga, no estado de São Paulo. Fotografia de 2015.

**3.** Observe novamente as fotografias acima e complete o quadro.

| | Fotografia 1 | Fotografia 2 |
|---|---|---|
| Matéria-prima principal | | |
| Produtos fabricados | | |

# Lazer e turismo

No campo, há muitos lugares destinados ao lazer e ao turismo, como os hotéis-fazenda.

Celso Avila/Futura Press

Hotel-fazenda no município de Teresópolis, no estado do Rio de Janeiro, em 2012. Em geral os hotéis-fazenda oferecem para seus hóspedes opções de lazer como piscinas, passeios a cavalo, lagos para pesca, entre outras, além do contato com a natureza.

**4.** Destaque e cole a seguir as imagens da página 5 do **Material Complementar** que representam algumas atividades econômicas que ocorrem no meio rural brasileiro. Identifique a atividade econômica retratada em cada imagem. COLE

# Atividades

**1.** Destaque os produtos nos **Adesivos** e cole cada figura no quadro abaixo, de acordo com a atividade econômica.

| Agricultura | Pecuária | Extrativismo |
|---|---|---|
| | | |

**2.** Encontre, no diagrama, oito dos principais produtos cultivados no Brasil. Depois, pinte os nomes dos produtos que você consome em seu dia a dia.

| | | | | | | | | | | | | | | |
|---|---|---|---|---|---|---|---|---|---|---|---|---|---|---|
| A | M | T | C | U | I | L | F | O | T | D | A | I | F | R |
| S | O | J | A | T | E | L | E | C | I | S | R | O | E | S |
| B | M | A | N | D | I | O | C | A | J | D | R | O | I | R |
| C | O | M | A | U | T | A | D | F | R | C | R | M | J | N |
| B | L | A | R | A | N | J | A | É | R | T | O | O | Ã | S |
| E | M | I | L | H | O | E | V | B | S | A | Z | E | O | J |

**3.** Além da agricultura, que outras atividades econômicas são realizadas no campo?

_______________________________________________

_______________________________________________

**4.** Além da **pecuária orgânica**, no Brasil tem crescido a **agricultura orgânica**. No lugar de fertilizantes químicos (adubos) e agrotóxicos (venenos), os agricultores usam substâncias produzidas com espécies vegetais, estercos, minerais etc. Também são usadas técnicas alternativas de produção. Sobre isso, leia o texto abaixo:

> Os índios sabem que um determinado pedaço de terra só pode ser cultivado por um tempo determinado, mudando-se em seguida para outros lugares, a fim de permitir que as plantas nasçam e cresçam de novo e o solo descanse. Depois de um bom tempo, quando essa terra puder ser utilizada novamente, então voltarão para esse mesmo lugar.
>
> Daniel Munduruku. *Coisas de índio* – versão infantil. São Paulo: Callis, 2006. p. 51.

a) Explique o que é a pecuária orgânica.

b) Quais as vantagens da pecuária e da agricultura orgânicas?

c) Na sua opinião, por que a sabedoria dos índios deve ser aproveitada na produção orgânica?

## Ampliando horizontes...

### livro

*Tudo que você queria saber sobre plantas*, de Sueli Ângelo Furlan, Oficina de Textos.

O livro traz informações sobre alguns vegetais encontrados no Brasil, explorando a origem do nome de vários deles e a região do planeta onde eles se originaram.

### vídeo

*De onde vem.* Disponível em: <www.youtube.com/playlist?list=PLD4F1DB452F4ADBA5>. Acesso em: novembro de 2013.

Animação que explica de onde vêm os ingredientes utilizados na preparação do pão.

# rede de ideias

## O milho

Isis Vieira/Arte e Design

Boneco Visconde de Sabugosa.

Você conhece o Visconde de Sabugosa, uma personagem criada pelo escritor Monteiro Lobato? Visconde é um boneco que mora no Sítio do Picapau Amarelo e seu corpo é feito de um sabugo, uma espiga de milho sem grãos.

**1** Observe estas fotografias e leia as legendas. Depois, faça as atividades.

Fernando Favoretto/Criar Imagem

João Prudente/Pulsar Imagens

Nas festas juninas, o milho é o principal ingrediente de vários pratos: bolo de milho, bolo de fubá, canjica ou mugunzá, curau, cuscuz, pamonha e pipoca. À esquerda, fotografia de cuscuz doce. À direita, pamonha e bolo de milho.

Roberto França/Assessoria PMC

A festa de São João, no município de Caruaru, no estado de Pernambuco, é considerada a maior do Brasil. Nessa festa é feito o "maior cuscuz do mundo". O principal ingrediente do cuscuz é o milho.

G. Evangelista/Opção Brasil Imagens

As festas juninas homenageiam os santos católicos. No entanto, a origem das comemorações nessa época do ano é anterior à era cristã. Diversos povos da Antiguidade já organizavam rituais em que pediam fartura nas colheitas. Os índios que habitavam o Brasil antes da chegada dos portugueses também realizavam nessa época do ano celebrações ligadas à agricultura, com cantos, danças e muita comida. Na fotografia, festa junina em Campina Grande, no estado da Paraíba, em 2012.

**a)** Você já comeu ou conhece algum prato feito com milho? Se sim, quais?

______________________________________________

______________________________________________

**b)** Além dos pratos citados, que outras comidas são típicas nas festas juninas que ocorrem na região onde você mora?

______________________________________________

______________________________________________

**2** Antes da chegada dos europeus à América, o milho já era consumido pelos povos indígenas desse continente. Leia o texto.

[...] o milho sofreu muitas modificações até se tornar como o conhecemos hoje. A planta que lhe deu origem era muito pequena, semelhante a uma gramínea. Seu nome era teosinte. Com o passar do tempo, ela foi sendo cultivada, criada e selecionada; atualmente, encontramos numerosas variedades: diversas formas de espiga, sementes com todos os tipos de cores (brancas, amarelas, alaranjadas, vermelhas e até pretas). O milho teve origem no México, foi domesticado há cerca de 4 000 anos e foi levado para a Europa somente no século XV. No Brasil, seu cultivo iniciou-se com a chegada dos colonizadores, mas os indígenas já consumiam esse cereal há muito tempo.

Sueli Ângelo Furlan. *Tudo que você queria saber sobre plantas.* São Paulo: Oficina de Textos, 2007. p. 6.

Gail Mooney/Kelly-Mooney Photography/Corbis/Latinstock

Variedades de milho.

**Domesticado:** planta ou animal que tem sido cultivado ou criado pelos seres humanos ao longo do tempo.

- No espaço abaixo, crie um desenho ou uma história em quadrinhos para ilustrar o texto sobre a história do milho.

**3** Hoje em dia, o milho é utilizado como matéria-prima em várias indústrias. Observe as imagens.

Fernando Favoretto/Criar Imagem

Rita Barreto

Fernando Favoretto/Criar Imagem

**a)** Que produtos aparecem nas imagens?

______________________________________________

______________________________________________

**b)** Leia o rótulo da embalagem de outros produtos industrializados e verifique os ingredientes utilizados na fabricação desses produtos. Se o milho for mencionado, anote o nome do produto e o ingrediente originado do milho que ele contém.

______________________________________________

______________________________________________

______________________________________________

______________________________________________

______________________________________________

**4** Façam uma pesquisa sobre outro produto cultivado no Brasil há bastante tempo. Procurem saber como esse produto faz parte da alimentação do povo brasileiro. Se preferirem, escolham um produto típico da região onde vocês moram. Para apresentar os resultados da pesquisa, vocês podem fazer uma apresentação oral e levar um alimento ou uma bebida feita com o produto pesquisado. GRUPO

# QUAL É A PEGADA?
## preservação

## A mandioca virou plástico

**1.** Hoje em dia, muitos objetos industrializados são feitos de plástico. Observe as fotografias.

A matéria-prima geralmente utilizada para se fazer o plástico é o petróleo.
O plástico feito com o petróleo demora cerca de 100 anos para se decompor na natureza, o que é um sério problema ambiental.

Fotografias: Thinkstock/Getty Images

Alguns produtos feitos de plástico que estão presentes no nosso dia a dia: cadeira, sacola para comércio, caixa organizadora e garrafa PET.

- Que produtos você usa no seu dia a dia que contêm ou são feitos de plástico?

_______________________________________________

_______________________________________________

Nos últimos anos, pesquisadores têm procurado produzir plástico utilizando vegetais como a mandioca, o trigo, a batata, o caroço da manga e muitos outros.

Leia a reportagem sobre o uso da mandioca para a produção de plástico.

## Um plástico feito de mandioca

POLIBIOTEC – Universidade Estadual de Londrina

Rolos de filme plástico feitos com amido de mandioca.

Ele foi desenvolvido para servir de embalagem para alimentos como bombons, balas, sanduíches e biscoitos, podendo até ser mastigado junto com o produto. É, esse plástico você pode comer! Isso porque ele é feito a partir da mandioca.

[...] "O Brasil é o segundo produtor mundial de mandioca. O plástico feito com este produto é biodegradável, o que ajudaria a reduzir o impacto ambiental causado pelas embalagens plásticas convencionais", explica a engenheira química [...].

Uma embalagem feita de plástico comum demora cerca de um século para se decompor, já a que é feita à base de mandioca e açúcares leva apenas alguns meses, reduzindo o impacto ambiental causado pelas embalagens atuais. O plástico de mandioca tem ainda outros encantos. De acordo com os ingredientes adicionados em sua receita, ele pode adquirir propriedades que ajudam na conservação dos alimentos ou mesmo mostrar quando eles estão estragados [...].

**Biodegradável:** que se decompõe facilmente na natureza.

Disponível em: <http://chc.cienciahoje.uol.com.br/plasticos-do-futuro/>. Acesso em: abril de 2015.

**2.** Por que é importante desenvolver outras maneiras de produzir o plástico?

**3.** Façam uma pesquisa sobre um produto fabricado com a preocupação de não agredir a natureza. Providenciem imagens desse produto e da principal matéria-prima utilizada em sua produção. Escrevam um pequeno texto explicando como esse produto contribui para a preservação ambiental. Apresentem os resultados da pesquisa em um cartaz e conversem sobre a possibilidade e a importância de as pessoas usarem esse tipo de produto no dia a dia.

GRUPO

# UNIDADE 6

# Terra e trabalho no campo

*Na horta*, de Sonia Furtado, 1992. Óleo sobre tela. Galeria Jacques Ardies, São Paulo, Brasil.

Sonia Furtado. Na horta, 1992. Galeria Jacques Ardies, São Paulo, Brasil.

Converse com os colegas e o professor sobre as questões.

1. O que essa obra de arte representa?

2. A propriedade representada nessa obra de arte é um sítio. Que outros tipos de propriedades rurais existem no Brasil?

Capítulo 1

# O trabalho rural

Quando falamos em trabalhador rural, o que você imagina? Todas as pessoas que trabalham no campo são donas de suas terras?

ORAL

Observe as fotografias e leia as informações sobre o trabalho rural no Brasil.

Palê Zuppani/Pulsar Imagens

No Brasil, na **pequena propriedade rural** geralmente são obtidos vários produtos, como feijão, mandioca e verduras. Parte da produção é vendida em feiras e mercados e parte é utilizada para o sustento familiar. Na terra trabalham principalmente os membros da família. Nem todos os trabalhadores que vivem em pequenas e médias propriedades são donos da terra. Na fotografia, pequeno produtor na zona rural do município de Juazeiro, no estado da Bahia, em 2010.

Marco Andras/OrangeStock/Latinstock

Nas **grandes propriedades rurais** do Brasil, os principais produtos cultivados são cana-de-açúcar, soja e laranja; também há extensas áreas de criação de gado. Parte da produção é destinada às indústrias ou é vendida para outros países. Na grande propriedade rural, trabalham pessoas contratadas, como técnicos, veterinários e **empregados temporários**. O empregado temporário também é conhecido como peão ou **boia-fria**, que é contratado em algumas épocas do ano, como no período da colheita. Muitas vezes, esse trabalhador mora nas cidades próximas às propriedades rurais onde trabalha. Na fotografia, plantação de cana-de-açúcar em grande propriedade no município de Ribeirão Preto, no estado de São Paulo, em 2009.

**Boia:** em alguns lugares do Brasil, boia é o nome popular para comida ou refeição.

1. Grife trechos dos textos da página 94, de acordo com a legenda:

- ■ (laranja) Quem trabalha na terra em cada propriedade retratada.
- ■ (azul) Aquilo que é produzido nas propriedades rurais.
- ■ (verde) Destino da produção das propriedades rurais.

No meio rural brasileiro, muitos direitos trabalhistas (como 13º salário, férias remuneradas, repouso semanal, carga máxima de 44 horas de trabalho por semana e aposentadoria) ainda são desrespeitados. Em muitos lugares, ainda se encontra o trabalho escravo, que se caracteriza pelas péssimas condições de trabalho e pela proibição imposta aos trabalhadores de saírem da propriedade onde estão.

2. Observe a imagem e depois responda às perguntas.

Cartaz de campanha lançada no ano de 2012 pela Organização Internacional do Trabalho (OIT) contra o trabalho escravo e o trabalho infantil no Brasil.

a) Qual é o objetivo do cartaz?

b) Na sua opinião, por que a campanha divulgada no cartaz foi organizada?

3. Você conhece alguém que trabalha (ou trabalhou) no meio rural? Procure saber quais são (eram) as atividades realizadas por essa pessoa e como são (eram) suas condições de trabalho. Escreva no caderno.

# Distribuição desigual das terras

Muitos trabalhadores rurais não são donos da terra onde produzem e precisam viver e trabalhar na propriedade de outras pessoas. Há também propriedades rurais que são muito extensas e que pertencem a um só dono. Esse dono pode ser, inclusive, uma empresa. Por isso dizemos que no Brasil há uma **distribuição desigual das terras**.

**4.** Observem a fotografia, leiam a legenda e respondam oralmente às perguntas. DUPLA

a) O que a fotografia retrata?

b) Na opinião de vocês, por que as pessoas que estão vivendo no local retratado são chamadas de sem-terra?

Delfim Martins/Pulsar Imagens

Acampamento de sem--terra em beira de estrada no município de Arcoverde, no estado de Pernambuco, em 2013.

Muitas propriedades rurais são improdutivas, ou seja, não são utilizadas para o desenvolvimento de atividades econômicas como a agricultura ou a pecuária.

A má distribuição de terras e a existência de muitas propriedades improdutivas têm provocado conflitos entre os grandes proprietários e os trabalhadores que não têm terra para plantar.

Muitos trabalhadores rurais se organizam em movimentos sociais, como o Movimento dos Trabalhadores Rurais Sem-Terra (MST), para reivindicar o direito à terra e o direito a permanecer no campo. Na fotografia, trabalhadores sem-terra durante manifestação no município de Marabá, no estado do Pará, em 2011.

Evaristo SA/AFP

Devido aos movimentos sociais e em cumprimento à lei, a **reforma agrária** vem sendo feita no Brasil com o objetivo de distribuir as terras rurais de maneira mais igualitária. Para fazer a reforma agrária, o governo brasileiro paga um valor em dinheiro aos donos das terras consideradas improdutivas. Esse processo se chama **desapropriação**.

Em seguida, o governo distribui essas terras entre os trabalhadores. As terras redistribuídas recebem o nome de **assentamentos**. Os trabalhadores rurais, por sua vez, assumem o compromisso de cultivar e utilizar a terra para garantir o sustento próprio e de seus familiares.

Ernesto Reghran/Pulsar Imagens

Assentamento no município de Londrina, no estado do Paraná, em 2012. Esse assentamento foi criado em 2010 e abriga cerca de 500 famílias.

Além da redistribuição de terras, a reforma agrária inclui:

- construção de estradas para o transporte da produção.
- abastecimento de água.
- instalação de eletricidade.
- facilidades para a compra de equipamentos agrícolas, sementes e adubos.
- orientação de especialistas sobre técnicas que aumentam a produção e melhoram a qualidade dos produtos.

**5.** Em uma folha à parte, faça um desenho para representar o que você entendeu sobre reforma agrária. Depois mostre seu desenho para os colegas e o professor.

**6.** Na sua opinião, qual é a importância da reforma agrária para as pessoas que vivem e trabalham no campo? Explique sua resposta. ORAL

Capítulo 2

# A modernização do campo

Nos municípios, o campo e a cidade ocupam áreas separadas. Apesar disso, eles estão integrados e dependem um do outro. Na sua opinião, como isso acontece? ORAL

Observe nas fotografias um exemplo da integração entre o campo e a cidade.

Ernesto Reghran/Pulsar Imagens

Linha de produção em fábrica de tratores na cidade de Canoas, no estado do Rio Grande do Sul, em 2012.

Delfim Martins/Tyba

Colheita de milho com trator na área rural do município de Capão Bonito do Sul, no estado do Rio Grande do Sul, em 2011.

**1.** Que exemplo de integração entre campo e cidade é mostrado nas fotografias? ORAL

Hoje em dia, muitos moradores das áreas rurais têm acesso a produtos, informações e serviços que no passado eram encontrados somente nas cidades. Além disso, muitos moradores do campo vão diariamente à cidade para trabalhar ou estudar, por exemplo. E existem moradores de áreas urbanas que vão todos os dias ao campo para trabalhar, como muitos trabalhadores rurais temporários.

O campo e a cidade se complementam. Produtos do campo são consumidos na cidade e produtos e serviços da cidade são consumidos no campo. A integração cada vez maior entre esses espaços tem causado muitas mudanças, principalmente no campo.

Uma das principais mudanças ocorridas no meio rural brasileiro foi a **modernização da produção**. Observe na ilustração algumas dessas mudanças.

Carlos Bourdiel

1. Utilização de fertilizantes químicos, que têm como uma de suas funções desenvolver produtos em grande quantidade.

2. Uso de agrotóxicos para combater pragas que atacam as plantações.

3. Trabalho de profissionais especializados, como engenheiros agrônomos, técnicos em informática, biólogos, entre outros.

4. Utilização de máquinas agrícolas em substituição à mão de obra braçal, para aumentar a produção.

Essa modernização resultou em um grande aumento da produção agrícola no Brasil, mas trouxe também consequências como:

- muitas pessoas perderam o emprego, passaram a realizar trabalhos temporários, por causa da mecanização rural, ou foram para as cidades à procura de melhores condições de vida.
- a biodiversidade das matas começou a diminuir, pois aumentaram as terras destinadas à agricultura e à pecuária.
- fertilizantes e agrotóxicos passaram a ser aplicados em excesso.

> **Biodiversidade:** variedade de formas de vida encontradas em um ambiente.

**2.** Quais as consequências, para o meio ambiente e para as pessoas, do uso exagerado de agrotóxicos e fertilizantes? Faça uma pesquisa sobre o assunto e escreva um pequeno texto no caderno. Comente com os colegas e o professor.

# Do campo para a cidade

No Brasil, uma grande quantidade de pessoas mudou-se, e ainda muda, do campo para a cidade. Esse movimento recebe o nome de **migração campo-cidade** ou **êxodo rural**.

**3.** Observem a imagem e façam as atividades. DUPLA

Militão dos Santos. *Retirantes*, 2008. Óleo sobre tela. Coleção particular.

*Retirantes*, de Militão dos Santos, 2008. Óleo sobre tela. Coleção particular.

a) Qual o nome da obra de arte? O que ela representa?

______________________________

______________________________

______________________________

b) Na opinião de vocês, por que as pessoas representadas na obra de arte estão deixando o lugar onde vivem?

______________________________

______________________________

Atualmente, no Brasil, existem mais pessoas morando na cidade do que no campo. Mas antigamente não era assim. Observe o gráfico e responda às questões.

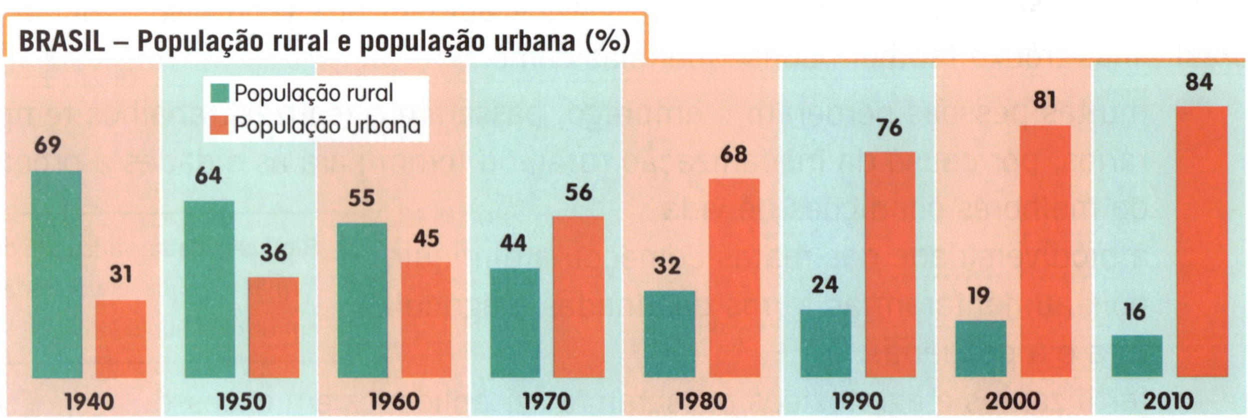


BIS

**Fonte:** Instituto Brasileiro de Geografia e Estatística (IBGE). *Séries históricas estatísticas.* Disponível em: <seriesestatisticas.ibge.gov.br>. Acesso em: março de 2015.

**4.** Circule em azul as décadas em que havia mais pessoas morando no campo. Circule em vermelho as décadas em que havia mais pessoas na cidade.

5. De acordo com o gráfico da página anterior, a partir de que década a maior parte da população brasileira passou a viver na cidade?

O principal motivo que levou um grande número de moradores rurais a se mudar para as cidades foi a busca por melhores condições de vida. Ainda hoje, a esperança de conseguir uma vida melhor faz com que muitas pessoas abandonem o campo. A falta de trabalho no campo tem sido causada, principalmente, pelo uso cada vez maior de equipamentos modernos na agricultura e pela concentração da propriedade.

A **concentração da propriedade** significa a distribuição desigual das terras, que faz com que muitos trabalhadores rurais não tenham terra para trabalhar.

Jorge Cunha/Acervo UH/Folhapress

Entre as décadas de 1950 e 1970, devido à falta de trabalho, à seca e à fome, milhares de pessoas abandonaram o campo em busca de melhores condições de vida. Muitos migrantes foram para as cidades de São Paulo, Rio de Janeiro e Belo Horizonte. Essa fotografia mostra um grupo de nordestinos chegando de caminhão à cidade de São Paulo, no estado de São Paulo, em 1960.

Yasuyoshi Chiba/AFP

Colheita mecanizada de soja na área rural de Campo Novo do Parecis, no estado de Mato Grosso, em 2012.

6. Você conhece alguém que migrou do campo para a cidade? Se conhece, converse com essa pessoa para saber por que ela migrou e como foi o início de sua vida na cidade. Anote as informações no caderno.

# Atividades

**1.** Leia novamente os textos da página 94 e complete o quadro. Veja o exemplo.

| | Pequena propriedade rural | Grande propriedade rural |
|---|---|---|
| Quem trabalha na terra | Membros da família | Pessoas contratadas |
| O que produz | | |
| Destino da produção | | |
| Instrumentos ou máquinas utilizados | | |

**2.** No Brasil, os trabalhadores rurais têm os mesmos direitos que as pessoas que trabalham nas cidades. Cite ao menos três desses direitos.

______________________________________________

______________________________________________

**3.** Leia a reportagem sobre o senhor Antonio, um trabalhador rural que vive em um assentamento no sertão da Paraíba. Nas terras do assentamento, Antonio produz para o sustento de sua família. Mas nem sempre foi assim. Conheça um pouco de sua história, que é bem parecida com a de muitos agricultores brasileiros.

> [...] vivia de propriedade em propriedade, na maioria das vezes o dono dispensava seus trabalhos [...] vinha mais um dilema para a família, colocando-a numa situação sempre difícil — sem terra pra plantar. Passando essa situação se submeteu a uma longa e árdua jornada de trabalho para dar o sustento à família. [...] Comia uma comida completamente gelada, saía de madrugada e chegava tarde da noite [...].
>
> *O candeeiro.* Abril de 2010. Disponível em: <www.asabrasil.org.br/Arquivos/candeeiro_18_pb.pdf>. Acesso em: março de 2015.

**a)** Escreva que tipo de trabalhador rural era o senhor Antonio antes de ele se estabelecer no assentamento.

______________________________________________

b) Que outro nome recebe esse tipo de trabalhador? Que situação vivida pelo senhor Antonio se relaciona a esse nome?

c) Atualmente, o senhor Antonio vive com a família em um assentamento. Explique com suas palavras o que são os assentamentos.

4. Observe a fotografia e faça as atividades.

Osvaldo Ribeiro Filho/Demotix/Corbis/Latinstock

Movimento pela reforma agrária, na cidade de Brasília, em 2014.

a) O que as pessoas estão reivindicando?

b) Além de melhor distribuição das terras, a reforma agrária deve incluir outras medidas, como o abastecimento de água nos lugares em que a terra é distribuída. Cite outras três medidas que fazem parte da reforma agrária.

**5.** Leia o texto e faça o que se pede.

O Brasil é um dos líderes mundiais na produção e exportação de vários produtos agropecuários. É o primeiro produtor e exportador de café, açúcar, etanol de cana-de-açúcar e suco de laranja. Além disso, lidera o *ranking* das vendas externas do complexo soja (farelo, óleo e grão).

Disponível em: <www.agricultura.gov.br/vegetal/estatisticas>. Acesso em: março de 2015.

**Vendas externas:** vendas para outros países (exportação).

De acordo com o texto, escreva **V** se a frase for verdadeira e **F** se for falsa.

- [ ] O Brasil não é um grande produtor agrícola.
- [ ] O Brasil é um grande produtor de café, açúcar, etanol de cana e suco de laranja, mas não de soja.
- [ ] O café e o açúcar estão entre os produtos mais cultivados no Brasil.
- [ ] O Brasil é campeão em vendas de soja para outros países.

**6.** Cite uma das consequências negativas da modernização da produção no campo.

______________________________________________

**7.** As atividades econômicas no campo têm impactos positivos ou negativos. Destaque as figuras da página 3 do **Material Complementar** e cole-as nos espaços abaixo, de acordo com o impacto dessas atividades. Escreva uma legenda para cada uma das imagens.

COLE

| **Impacto positivo** | **Impacto negativo** |
|---|---|
| | |

______________________ ______________________

______________________ ______________________

**8.** Observe as fotografias e responda à pergunta.

Arado mecânico com trator em plantação de soja na área rural do município de Santa Rita, no estado do Tocantins, em 2013.

Agricultor trabalhando a terra com arado de boi na área rural do município de Tabira, no estado de Pernambuco, em 2010.

- A modernização da produção ocorreu em todas as propriedades rurais do país?

______________________________________________

______________________________________________

______________________________________________

**9.** Explique por que um grande número de brasileiros migrou do campo para a cidade.

______________________________________________

______________________________________________

______________________________________________

______________________________________________

## Ampliando horizontes...

### livro digital

*Pequenas histórias de plantar e de colher*, de Ruth Helena Bellinguini, publicado na internet. Disponível em: <www.agronovidades.com.br/noticias/item/30-lan%C3%A7ado-livro-infantil-gratuito-sobre-agricultura.html>. Acesso em: janeiro de 2015.

O livro conta a história da agricultura no Brasil e no mundo.

### site

*Sem-terrinha*. Disponível em: <www.mst.org.br/semterrinha/>. Acesso em: janeiro de 2015.

*Site* do MST voltado para crianças e que apresenta informações, notícias, histórias, vídeos, músicas e jogos.

# rede de ideias

## Por uma vida melhor

Observe a imagem e leia o texto.

O Movimento dos Trabalhadores Rurais Sem Terra (MST) é uma organização que luta pela reforma agrária e por melhores condições de vida e trabalho no campo, entre outras reivindicações. Os filhos dos participantes do MST são chamados de sem-terrinha. Todo mês de outubro, os sem-terrinha vão a um encontro para participar de brincadeiras, cursos e momentos de reivindicação para a melhoria de suas condições de vida. Em 2012, os sem-terrinha reivindicaram melhorias nas escolas, acesso à saúde pública, reforma agrária, paz no campo e o fim da utilização de agrotóxicos nas plantações.

Joka Madruga/Futura Press

Na fotografia, sem-terrinha reunidos na Secretaria Estadual de Educação do estado do Paraná, na cidade de Curitiba, em 2012, para pedir melhorias na merenda escolar e a construção de mais escolas.

**1** O que os sem-terrinha reivindicaram no encontro de 2012?

**2** Os sem-terrinha são contra ou a favor do uso de agrotóxicos? Por que você acha que eles têm essa opinião?

Marco Aurélio Martins/Ag. A Tarde/Futura Press

Integrantes do MST em acampamento na estrada próximo ao município de Camaçari, no estado da Bahia, em 2013.

**3** Os sem-terrinha vivem em assentamentos e acampamentos. Geralmente, os acampamentos são montados nas propriedades que os sem-terra reivindicam. Observem a fotografia e respondam: DUPLA

- Como são as condições de moradia nos acampamentos?

______________________________

______________________________

______________________________

**4** Leia algumas reivindicações da carta escrita pelos sem-terrinha.

§ Queremos terra para plantação, cuidar das plantas e jogar o lixo orgânico na terra;

§ Queremos Comida! Saúde e Escola. Queremos estudar em Escolas nos Acampamentos e Assentamentos;

§ Queremos um lugar que tenha horta, fogão a lenha, que possa fazer doce e queijo. Que a alimentação seja boa, que o lixo seja separado e que tenha uma boa limpeza;

§ Que coloque energia e água encanada nos Acampamentos e Assentamentos;

§ Não brigar nos Acampamentos, respeitar uns aos outros e os mais velhos;

§ Queremos ciranda infantil para brincar e ter um lugar para as crianças;

[...]

**Ciranda infantil:** brincadeiras e outras atividades para crianças.

*Carta dos sem-terrinha pela reforma agrária.* Disponível em: <www.mst.org.br/semterrinha/carta-dos-sem-terrinha-pela-reforma-agraria>. Acesso em: março de 2015.

- Em uma folha à parte, faça um desenho para ilustrar algumas reivindicações dos sem-terrinha. Depois, exponha seu desenho no mural.

**5** Na sua opinião, por que é importante as pessoas se organizarem para conquistar seus direitos? Conversem sobre isso e registrem as conclusões produzindo um texto coletivo. GRUPO

VILLAGE ROADSHOW/ Album/Latinstock

Walt Disney Pictures/ courtesy Everett Collection/Glow Images

# UNIDADE 7

# Elementos naturais

Imagem 1: cena do filme de animação *Happy Feet*, direção de Judy Morris, Warren Coleman e George Miller. Estados Unidos/Austrália, 2005.
Imagem 2: cena do filme *Oz – Mágico e poderoso*, direção de Sam Raimi. Estados Unidos, 2013.
Imagem 3: cena do filme de animação *Madagascar*, direção de Eric Darnell e Tom McGrath. Estados Unidos, 2005.
Imagem 4: cena do filme de animação *Up – Altas aventuras*, direção de Pete Docter. Estados Unidos, 2009.

Converse com os colegas e o professor sobre as questões.

1. Que elementos naturais se destacam nessas paisagens?
2. Esses elementos também são encontrados nas cidades?
3. Cite os elementos naturais que podem ser observados no lugar onde você mora.

## Capítulo 1

# Relevo e hidrografia

Como é a paisagem nos arredores da sua escola e da sua moradia? Há muitas subidas e descidas? Existem rios e córregos? Se existirem, qual é o nome deles? ORAL

Observem as fotografias e façam as atividades. DUPLA

1

Ernesto Reghran/Pulsar Imagens

Trecho do rio Paraguai próximo ao município de Corumbá, no estado de Mato Grosso, em 2010.

2

Andre Dib/Pulsar Imagens

Vista aérea do salto do rio Preto, no município de Alto Paraíso de Goiás, no estado de Goiás, em 2012. Essa queda-d'água tem 120 metros de altura e localiza-se no Parque Nacional da Chapada dos Veadeiros, uma área natural protegida por lei. As chapadas têm o topo plano e desníveis que lembram degraus.

3

Vista aérea da serra do Quebra-Cangalha, no município de Lorena, no estado de São Paulo, em 2011. Essa formação recebe o nome de "mares de morros" e é encontrada entre os estados do Rio de Janeiro, São Paulo e Minas Gerais.

**1.** Qual rio parece mais favorável à navegação? Por quê?

______________________________________________

______________________________________________

**2.** Em qual paisagem há a formação de uma grande queda-d'água? Por que nesse lugar ocorreu a formação de uma queda-d'água?

______________________________________________

______________________________________________

**3.** Na opinião de vocês, por que a paisagem da fotografia 3 é chamada de "mares de morros"?

______________________________________________

______________________________________________

**4.** No município onde vocês moram há rios ou paisagens semelhantes aos que aparecem nas fotografias? Converse sobre isso com os outros colegas e o professor. ORAL

# O relevo

Observe a imagem.

Alberto da Veiga Guignard. *Paisagem de Sabará*, 1947. Coleção particular.

*Paisagem de Sabará*, de Alberto da Veiga Guignard, 1947. Óleo sobre madeira. Coleção particular.

**5.** A obra de arte retrata um lugar plano ou irregular?

---

A cidade de Sabará, em Minas Gerais, foi construída em um local com muitos morros. O morro é uma das formas da superfície terrestre.

O conjunto das variações e das formas da superfície terrestre é denominado **relevo**.

**6.** Recorte, de jornais e revistas, fotografias de diferentes formas de relevo existentes no Brasil. Cole-as no caderno. Depois, identifique o lugar retratado e descreva como é o relevo. RECORTE E COLE

## As transformações no relevo

As formas do relevo estão sempre sendo modificadas pela natureza e pelos seres humanos. Observe as fotografias e leia as legendas.

João Luiz Bulcao/Tyba

A maioria das mudanças provocadas pela natureza ocorre lentamente e passa despercebida pelas pessoas. A água e o vento são exemplos de **agentes da natureza** que provocam mudanças nas formas de relevo. A fotografia mostra o resultado da ação da água no relevo em Pedra Furada, no município de Jijoca de Jericoacoara, no estado do Ceará, em 2011.

Soe Than Win/AFP

Há mudanças que são rápidas e causam desastres. É o caso de fenômenos como os terremotos e os vulcões, que provocam profundas e rápidas transformações na superfície terrestre. Na fotografia, superfície atingida por terremoto na cidade de Tachilek, em Mianmar, no sul da Ásia, em 2011.

Rubens Chaves/Pulsar Imagens

Os seres humanos modificam o relevo quando, por exemplo, extraem minerais, fazem aterros ou retiram parte de um morro para a passagem de uma estrada. Na fotografia, túnel da Mata Fria, na rodovia Fernão Dias (BR-381), próximo ao município de Mairiporã, no estado de São Paulo, em 2012.

**Aterro:** colocação de terra em um terreno para deixá-lo plano.

7. Faça um **X** nas fotografias que mostram resultados da ação da natureza sobre o relevo.

8. Na sua opinião, por que os seres humanos transformaram o relevo na fotografia 3?

______________________________________________

______________________________________________

# A hidrografia

Observe as fotografias.

João Prudente/Pulsar Imagens

Barcos de pesca no rio Urumajó, no município de Augusto Corrêa, no estado do Pará, em 2013.

Ricardo Ribas/Tyba

Usina Hidrelétrica de Estreito, no município de Estreito, no estado do Maranhão, em 2011. As usinas hidrelétricas produzem energia elétrica com o uso da força das águas dos rios.

**9.** Que usos da água estão sendo retratados?

______________________________________________

**10.** Cite situações do seu dia a dia em que a água é utilizada.

______________________________________________

______________________________________________

A água é utilizada para higiene pessoal, consumo humano, geração de energia elétrica, irrigação do solo, consumo do gado, via de transporte, pesca, lazer, entre outras finalidades. Por causa da grande importância da água para as pessoas, as plantas e os animais, é essencial que os seres humanos preservem os **elementos hídricos**, como rios, lagos, mares, oceanos e águas subterrâneas.

> **Água subterrânea:** água que penetra nos solos e nas rochas, formando reservatórios.

O conjunto formado pelos elementos hídricos de um lugar compõe sua **hidrografia**.

**11.** Pesquise os elementos hídricos que existem em seu município e anote no caderno. Procure saber que usos as pessoas fazem da água desses elementos e se ocorre poluição. Depois, converse com os colegas sobre o que vocês descobriram.

# O consumo de água no Brasil

Observe o gráfico e as fotografias. Depois, responda à questão.

**BRASIL – Consumo de água**

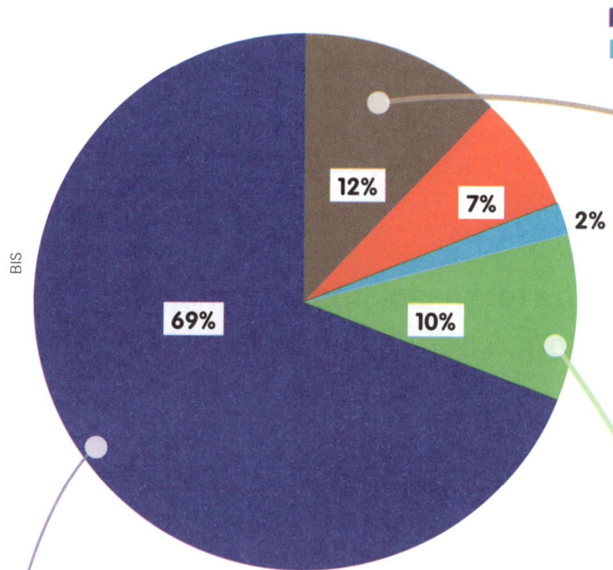

Na pecuária, a água tem vários usos, como a limpeza de currais e de equipamentos para retirada e armazenamento de leite e o consumo pelos animais. Na fotografia, criação de búfalos na área rural do município de São João da Boa Vista, no estado de São Paulo, em 2013.

A irrigação artificial é a retirada da água de rios, represas ou do subsolo para uso na plantação. Com a modernização do campo, equipamentos como bombas elétricas e pivô central foram introduzidos na agricultura. Na fotografia, pivô central em plantação de milho na área rural de Sousa, no estado da Paraíba, em 2011.

O abastecimento urbano fornece a água que é utilizada em moradias, hospitais, estabelecimentos comerciais, clubes, entre outros. Na fotografia, uso residencial da água.

**Fonte**: *Conjuntura dos recursos hídricos no Brasil* — Informe 2011. Brasília: Agência Nacional de Águas, 2011. Disponível em: <http://conjuntura.ana.gov.br/conjuntura>. Acesso em: abril de 2015.

**12.** Quais são os usos que mais consomem água no Brasil?

Capítulo 2

# Clima e vegetação

Neste momento, como está o tempo no lugar onde você está? **ORAL**

## Tempo atmosférico e clima

Diariamente, pelos meios de comunicação (televisão, rádio, jornal, internet), ficamos sabendo da previsão do tempo atmosférico para diversos lugares no Brasil e no mundo. Observe o mapa.

**BRASIL – Previsão do tempo (21/01/2014)**

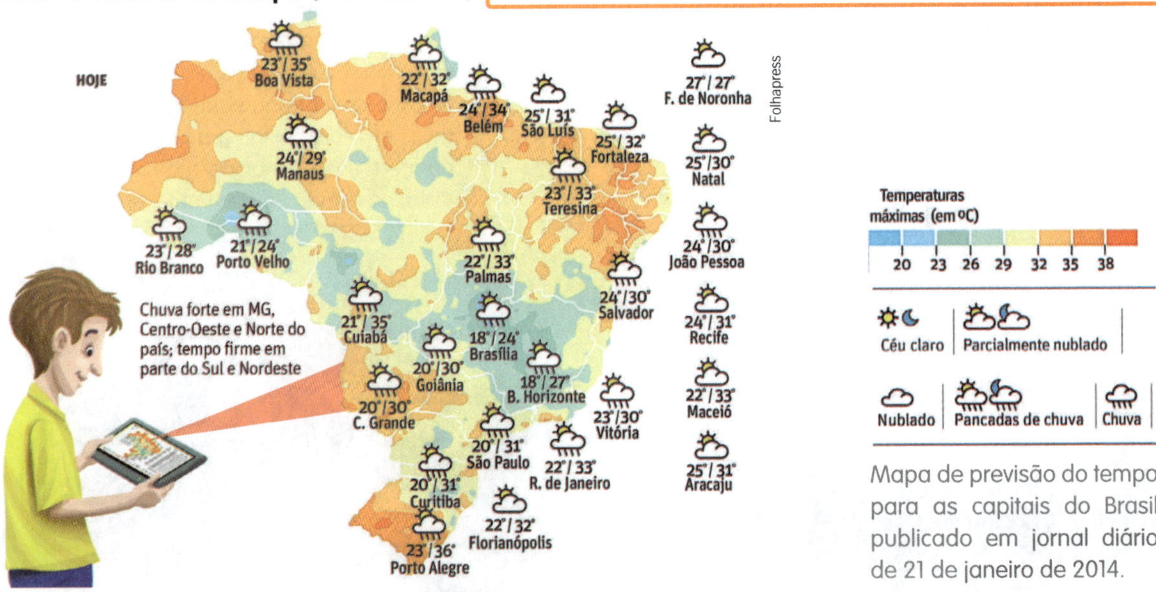


Mapa de previsão do tempo para as capitais do Brasil publicado em jornal diário de 21 de janeiro de 2014.

1. O que o mapa representa? **ORAL**

2. Segundo o mapa, qual a previsão do tempo para a capital da Unidade da Federação onde você mora?

_______________________________________________

3. Cite três capitais onde estão previstas pancadas de chuva.

_______________________________________________

_______________________________________________

Em nosso dia a dia, é comum utilizarmos as palavras clima e tempo como sinônimos, mas há diferenças entre esses conceitos. Leia a tirinha do Cascão.

Mauricio de Sousa Produções

*Cascão*, de Mauricio de Sousa. Disponível em: <www.climakids.com.br/quadrinhos/12>. Acesso em: maio de 2014.

**4.** Por que Cascão ficou tão assustado?

________________________________________

________________________________________

O **tempo atmosférico** refere-se às condições de temperatura, umidade e vento em um determinado momento e lugar. Quando dizemos que está fazendo frio ou calor, por exemplo, estamos tratando do tempo atmosférico.

O clima é diferente do tempo. Para definir o **clima** de um lugar, os cientistas observam a temperatura, a quantidade de chuva e os tipos de vento durante, pelo menos, trinta anos. Quando dizemos que em um lugar o clima é quente, por exemplo, queremos dizer que ali faz calor, todos os anos, durante muitos meses.

**5.** Marque um **X** na imagem que retrata um lugar de clima frio.

Palê Zuppani/Pulsar Imagens

No município de Simplício Mendes, no estado do Piauí, o clima é quente o ano todo. Chove pouco e a maior quantidade de chuva ocorre entre os meses de janeiro e abril. Na fotografia, vista aérea do município, em 2010.

Mike Morley/Alamy/Glow Images

Na cidade de Reykjavik, capital da Islândia, as temperaturas são baixas na maior parte do ano. No inverno, ocorrem temperaturas abaixo de 0 °C e queda de neve. No verão, as temperaturas são amenas, chegando a pouco mais de 20 °C. Fotografia de 2012.

# A vegetação

As fotografias retratam seis tipos diferentes de vegetação encontrados no mundo.

Luigi de Pompeis/Alamy/Glow Images

Savana no Parque Nacional de Amboseli, no Quênia, na África, em fotografia de 2010.

Fabio Colombini

Mata Atlântica na Ilha do Cardoso, no município de Cananeia, no estado de São Paulo, em 2012.

Ron Erwin/All Canada Photos/Corbis/Latinstock

Tundra no Parque Tombstone, no Canadá. A fotografia mostra paisagem no outono de 2012.

Christian Musat/Alamy/Glow Images

Vegetação de montanha nos Alpes, na Itália, em 2012.

Zig Koch/Pulsar Imagens

Caatinga no município de Juazeiro, no estado da Bahia, em 2013.

Sean Pavone/Alamy/Glow Images

Floresta temperada nas montanhas do Parque Nacional de Nikko, no Japão, em 2012.

O conjunto de plantas que cobrem uma área ou região é denominado **vegetação**. Quando a vegetação nasce e se desenvolve naturalmente em um lugar, ela é chamada de **vegetação nativa**.

As fotografias destas duas páginas retratam diferentes tipos de vegetação nativa. Com base nelas, responda às questões.

6. Contorne, nas legendas das fotografias, o nome de cada tipo de vegetação retratada.

7. Marque com um **X** as fotografias que retratam os tipos de vegetação que ocorrem no Brasil.

8. Você já ouviu falar de outros tipos de vegetação que existem no Brasil? Se sim, quais?

______________________________________________

______________________________________________

No mundo inteiro, as áreas cobertas pela vegetação nativa vêm sendo desmatadas. No Brasil, o desmatamento ocorre desde a chegada dos colonizadores europeus, em 1500. Ao longo do tempo, muitas áreas de vegetação nativa foram sendo devastadas, dando lugar a plantações, cidades, estradas e outras paisagens modificadas pelos seres humanos.

**Devastada:** destruída.

# Atividades

**1.** Observe a fotografia. ORAL

Ricardo Oliveira/Tyba

Homem pescando no rio Japurá, no município de Maraã, no estado do Amazonas, em 2013.

a) Que uso a pessoa retratada está fazendo da água?

b) Cite outros usos que os seres humanos fazem da água.

c) Que elemento hídrico foi retratado? Que outros elementos hídricos existem no mundo?

**2.** Observe as fotografias e depois responda às perguntas.

As imagens mostram parte da costa de Fukushima, no Japão, em 2011. Em 11 de março desse ano, o local foi atingido por um *tsunami*, que é um fenômeno natural caracterizado pela formação de ondas gigantes que invadem extensas áreas. A fotografia 1 mostra o local antes do *tsunami*, a fotografia 2 mostra a costa durante o *tsunami* e a fotografia 3 retrata a devastação causada.

Fotografias: Jiji Press/AFP

a) Que transformações ocorreram nessa paisagem? Elas foram causadas pelos seres humanos ou pela natureza?

---

---

b) Cite outros fenômenos naturais que provocam modificações nas paisagens.

---

**3.** Observe as cenas. Depois, responda às questões.

Ilustrações: Hagaquezart estúdio

a) Que mudanças você observou entre uma cena e outra?

_______________________________________________

b) Essas mudanças ocorreram no tempo atmosférico ou no clima?

_______________________________________________

**4.** Observe novamente as fotografias das páginas 118 e 119. Depois, leia estas frases e identifique a qual tipo de vegetação cada frase se refere.

a) Nesse tipo de vegetação, que ocorre no Brasil, as árvores crescem próximas umas das outras e há uma grande variedade de espécies.

_______________________________________________

b) Nesse tipo de vegetação, que ocorre no Brasil, a maioria das espécies perde as folhas na estação seca. Existem muitas plantas com espinhos.

_______________________________________________

## Ampliando horizontes...

**site**

*Menino Maluquinho*. Disponível em: <http://meninomaluquinho.educacional.com.br>. Acesso em: maio de 2014.

*Site* com jogos e brincadeiras, além de textos sobre algumas datas especiais, como o Dia Internacional da Água, com sugestões importantes para a economia de água no dia a dia.

# rede de ideias

## Na Amazônia

Os elementos naturais estão integrados. Veja um exemplo dessa integração estudando a dinâmica na Amazônia.

**AMAZÔNIA – DINÂMICA NATURAL**

Daniel Klein

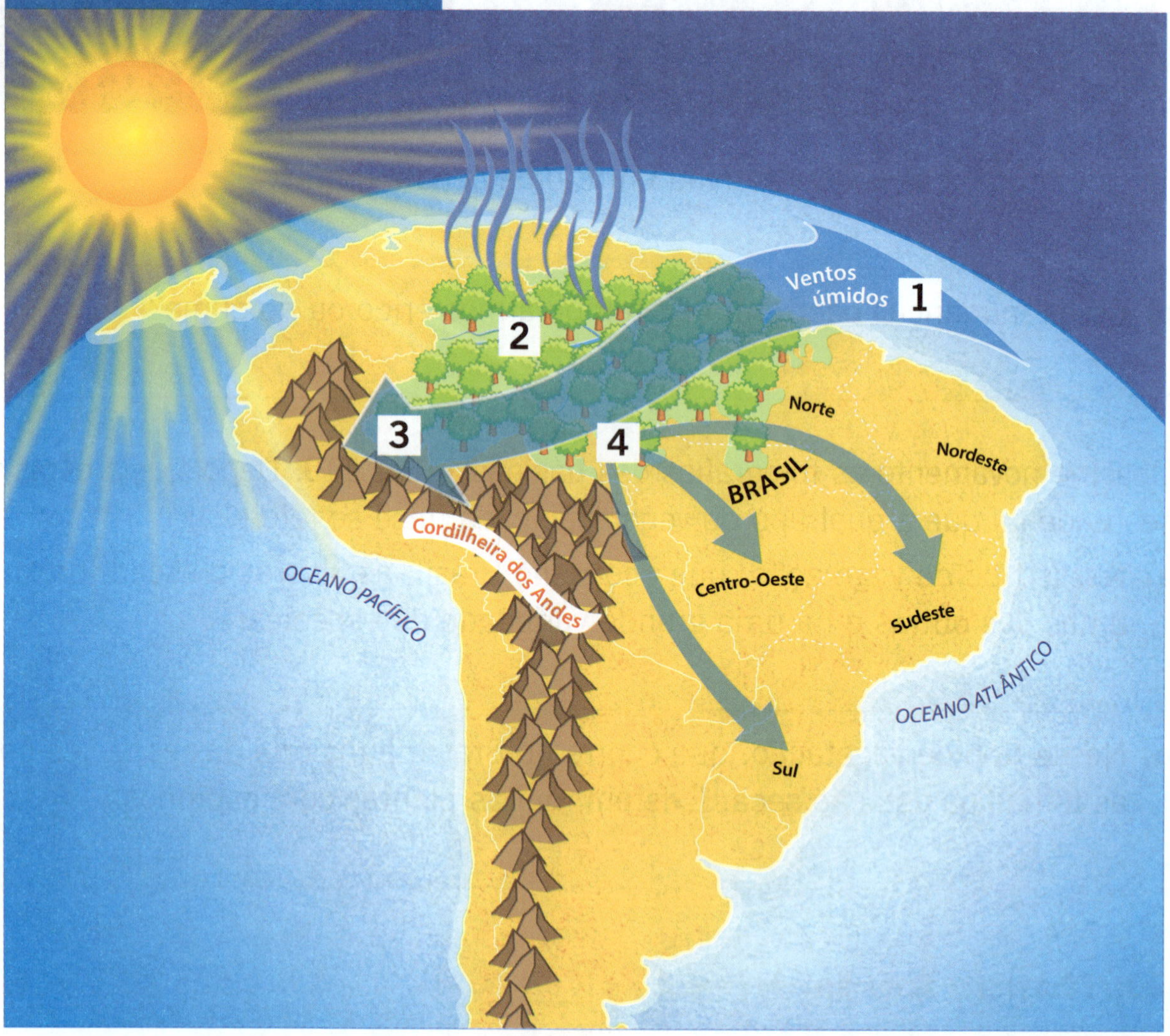


**Fonte:** *O Estado de S. Paulo*, 8 de abril de 2007. Disponível em: <www.biotic-regulation.pl.ru/offprint/estado.pdf>. Acesso em: janeiro de 2015.

**1** Que elementos naturais estão representados na imagem?

**2** Associe os números que aparecem na ilustração com as informações abaixo.

☐ Os ventos carregados de umidade encontram uma barreira no relevo: a cordilheira dos Andes.

☐ Os ventos seguem para as regiões Centro-Oeste, Sudeste e Sul do país, podendo alcançar outros países da América do Sul.

☐ Na Amazônia, a umidade trazida pelos ventos aumenta ainda mais devido à evaporação da vegetação. Parte de toda essa umidade transforma-se em chuva que cai na própria região.

☐ Ventos do oceano Atlântico, carregados de umidade, avançam para a Amazônia.

**3** Observe o mapa de localização da floresta Amazônica.

Sonia Vaz

**Fonte:** Vera Caldini e Leda Ísola. *Atlas geográfico Saraiva*. 3ª ed. São Paulo: Saraiva, 2013. p. 73.

**a)** A floresta Amazônica abrange quais estados brasileiros?

______________________________________________

______________________________________________

**b)** A floresta Amazônica se localiza apenas em território brasileiro? Explique.

______________________________________________

______________________________________________

**4** A vegetação na Amazônia foi muito devastada ao longo dos anos. Observe as fotografias e escreva o nome das atividades que levaram a essa devastação.

Raphael Alves/AFP

Município de Oximira, no Pará, em 2014.

Reuters/Nacho Doce/Latinstock

Município de Uruara, no Pará, em 2013.

Ricardo Funari/Brazil Photos/LightRocket/Getty Images

Município de Santarem, no Pará, em 2009.

**5** Observe o gráfico e faça as atividades.

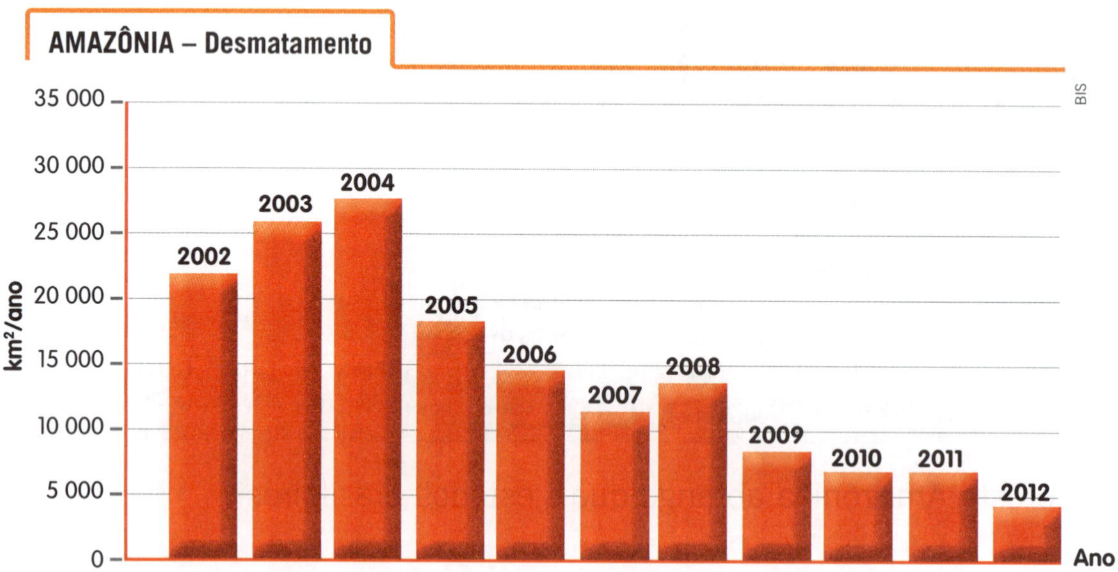


**Fonte:** <www.inpe.br/noticias/noticia.php?cod_Noticia=3301>. Acesso em: março de 2014.

**a)** O que o gráfico representa?

**b)** Em que ano o desmatamento foi maior? ____________________

**6** Há muitas maneiras de desenvolver atividades econômicas na Amazônia, sem devastar a floresta. Observe as fotografias.

Inês Calixto/Pulsar Imagens

Colheita de açaí no município de Belém, no Pará. Fotografia de 2011.

Ricardo Azoury/Pulsar

Indústria de processamento de açaí no município de Castanhal, no Pará. Fotografia de 2008.

**a)** As fotografias mostram o aproveitamento de qual produto?

________________________________________

**b)** Que atividade está relacionada às fotografias?

☐ agricultura ☐ extrativismo

**c)** Pesquise em livros, jornais, revistas e na internet um outro produto extraído na Amazônia que não provoca a devastação. Procure saber que usos se faz desse produto. Registre suas descobertas.

________________________________________

________________________________________

________________________________________

________________________________________

**7** Faça uma pesquisa sobre como a retirada da vegetação na Amazônia pode prejudicar outros elementos naturais, como os rios, o solo e as espécies animais. Apresente os resultados da pesquisa para o professor e os colegas. Depois, produzam um texto coletivo.

UNIDADE 8

# Atividades humanas e natureza

Converse com os colegas e o professor sobre as questões.

1. Destaque os personagens dos **Adesivos** e cole-os nas cenas corretas.

2. Como as condições do tempo atmosférico estão interferindo no dia a dia das pessoas das imagens?

3. Como os elementos naturais influenciam o seu dia a dia?

Capítulo 1

# Atividade econômica e natureza

Quando está calor, que produtos você costuma consumir mais? E quando está frio? ORAL

Leia as manchetes de jornal, observe as fotografias e leia as legendas.

**Altas temperaturas aumentam preço de frutas e verduras**

Disponível em: <www.opopularns.com.br/noticias/noticia.php?id=631>. Acesso em: março de 2015.

Rubens Chaves/Pulsar Imagens

Quando está calor, as pessoas geralmente consomem mais alimentos frescos, como frutas e verduras. Sob altas temperaturas, porém, esses produtos estragam rapidamente, e os estoques diminuem. Se a procura é grande e há poucos produtos, os preços sobem. Na fotografia, banca de legumes em feira livre na cidade do Rio de Janeiro, no estado do Rio de Janeiro, em 2012.

**Baixas temperaturas aquecem o comércio**

Disponível em: <www.g37.com.br/colunistas.asp?c=padrao&modulo=conteudo&url=021534&ss=7#.UeAX95xR91Y>. Acesso em: março de 2015.

Fernando Bueno/Tyba

No frio, a procura por roupas de inverno é grande, e as fábricas de roupa produzem mais artigos de inverno. Os estabelecimentos comerciais expõem as roupas nas vitrines e podem fixar preços altos, pois os consumidores necessitam das mercadorias. Quando a temperatura volta a subir, as lojas fazem as liquidações. Na fotografia, vitrine de loja de roupas na cidade de Porto Alegre, no estado do Rio Grande do Sul, em 2012.

**1.** Que atividades econômicas estão relacionadas às notícias?

______________________________

**2.** O aspecto da natureza relacionado às notícias é o:

☐ relevo. ☐ clima.

**3.** Quando as temperaturas não caem como o esperado pelas lojas de roupas e confecções, o que acontece com o preço das roupas de inverno? ORAL

# Lazer e turismo

Observe as fotografias.

Sandro Silva/Futura Press

Edu Lyra/Pulsar Imagens

Na fotografia da esquerda, praia da Joaquina, no município de Florianópolis, no estado de Santa Catarina, em um dia de verão, em 2014. Na fotografia da direita, a mesma praia em um dia de inverno, em 2013.

**4.** Como o clima interfere nas atividades que acontecem na praia da Joaquina?

______________________________________________

______________________________________________

**5.** Como o clima interfere nas atividades que você realiza ao longo do ano? Explique como essas atividades são alteradas. **ORAL**

O turismo é uma atividade econômica importante em muitos lugares, pois gera renda e emprego para a população local. Os turistas frequentam restaurantes, hotéis, lojas, serviços de transporte, agências de turismo, entre outros estabelecimentos.

Alguns lugares atraem turistas devido à presença de elementos naturais que formam belas paisagens ou à possibilidade da prática de esportes. Observe a fotografia.

**6.** Que elementos naturais podem ser observados na fotografia?

______________________________________________

**7.** Na Unidade da Federação onde você vive, existem elementos naturais que atraem turistas? Comente. **ORAL**

Andre Dib/Pulsar Imagens

Serra do Roncador, no município de Barra do Garças, no estado do Mato Grosso, em 2013.

# Clima, relevo e agricultura

Observe as fotografias e leia as legendas.

Yasuyoshi Chiba/AFP

O cacau, o café, a cana-de-açúcar, o algodão, a laranja e o arroz são produtos que se desenvolvem melhor em climas quentes. Na fotografia, plantação de cacau em fazenda no município de São Félix do Xingu, no Tocantins, em 2013.

Ernesto Reghran/Pulsar Imagens

Cereais como trigo e centeio se desenvolvem melhor em climas frios. Já a soja se adapta bem a vários tipos de clima. Na fotografia, plantação de soja na área rural do município de Cascavel, no Paraná, em 2013.

Cesar Diniz/Pulsar Imagens

No sertão do Nordeste, a estação seca pode durar de 6 a 8 meses e é comum os agricultores perderem suas plantações por falta de chuva e equipamentos de irrigação. Na fotografia, plantação de milho e feijão em Malhada de Pedras, na Bahia, afetada pela seca em 2012.

Gerson Gerloff/Pulsar Imagens

Em algumas regiões do Brasil, é comum ocorrerem geadas no inverno. Na fotografia, repolhos queimados pelo gelo que se formou durante geada no município de Santa Maria, no Rio Grande do Sul, em 2011.

**8.** As legendas das fotografias explicam a relação entre agricultura e:

☐ relevo. ☐ clima.

Entre as técnicas usadas pelos agricultores para diminuir a dependência da agricultura em relação aos fenômenos naturais e melhorar a produção agrícola estão a **irrigação artificial** e o **plantio em estufas**. Observe as fotografias.

Mauricio Simonetti/Pulsar Imagens

Zé Paiva/Pulsar Imagens

Para garantir a irrigação das plantações ou protegê-las das geadas, por exemplo, os agricultores contam com técnicas modernas, como as apresentadas nas fotografias. À esquerda, vê-se plantação de uva com irrigação por gotejamento, no município de Lagoa Grande, no estado de Pernambuco, em 2012. À direita, observa-se uma plantação de morango em estufa no município de Rancho Queimado, no estado de Santa Catarina, em 2011.

O relevo também interfere na produção agrícola. Terrenos com forte inclinação, por exemplo, dificultam o plantio.

Em alguns países, para desenvolver a agricultura, é comum a construção de **terraços** ou **degraus** nos terrenos mais íngremes. Com essa técnica, o acesso à plantação fica mais fácil e a água das chuvas não provoca enxurradas.

**Íngreme:** que apresenta declives, ladeiras.

Thuong Tran/Alamy/Diomedia

Plantação de arroz em terraços em área rural do Vietnã, em 2013. Observe os degraus formados no terreno para possibilitar o cultivo.

**9.** Procure em jornais, revistas e na internet uma imagem de técnica usada na agricultura. Recorte e cole a imagem em uma folha à parte e escreva uma legenda com informações sobre a técnica, o produto e o lugar. Depois, com os colegas, exponha o trabalho no mural da classe. RECORTE E COLE

# Capítulo 2

# Moradias e natureza

Você já presenciou ou viu na televisão enchentes e desmoronamentos atingindo ou derrubando moradias? Na sua opinião, como esses problemas poderiam ser evitados? **ORAL**

Leia a notícia. Depois, converse com os colegas e o professor sobre as questões.

### Chuva no RS tira 7 000 pessoas de casa e fecha rodovias

Sobe para 7 000 o número de pessoas que tiveram que deixar suas casas no Rio Grande do Sul devido às chuvas que atingem o estado desde a última sexta-feira [...]

[...] Sete rodovias estaduais estão com interrupções no tráfego devido a quedas de barreiras, alagamentos ou desmoronamento do asfalto.

O temporal também provocou cortes de energia no interior gaúcho. [...]

Disponível em: <www1.folha.uol.com.br/cotidiano/2013/08/1332075-chuva-no-rs-tira-7000-pessoas-de-casa-e-fecha-rodovias.shtml>. Acesso em: março de 2015.

1. Que problemas são relatados na notícia?

2. Que situações as pessoas enfrentam quando ocorrem enchentes no lugar onde vivem?

Delfim Martins/Pulsar Imagens

Em muitos lugares, as moradias são construídas em **várzeas** ou **planícies de inundação**, que são áreas localizadas próximo às margens de rios. Nos períodos de chuva intensa, o nível da água dos rios sobe e pode transbordar e invadir as moradias.

Moradias construídas próximo ao rio Maranguapinho, no município de Fortaleza, no estado do Ceará. Fotografia de 2013.

Para diminuir o problema das enchentes nas cidades, algumas medidas podem ser tomadas, como: aumentar o número de áreas verdes e proibir construções em áreas de transbordamento de rios.

Esta fotografia retrata outro problema que ocorre com frequência em vários municípios brasileiros.

Marcos de Paula/dpa/Corbis/Latinstock

Moradores retiram o que restou de suas casas após deslizamento de terra provocado por forte chuva em Petrópolis, no estado do Rio de Janeiro. Fotografia de março de 2013.

**3.** Que problema foi retratado na fotografia?

______________________________________________

**4.** Na sua opinião, as moradias que aparecem na fotografia foram construídas em um local adequado? Por que você acha isso?

______________________________________________

______________________________________________

______________________________________________

Nas encostas de morros, é comum acontecerem **deslizamentos de terra**. O deslizamento é causado pela movimentação de solo ou de rocha em terrenos inclinados e ocorre, geralmente, quando chove e a água escoa, levando parte do solo. Se as encostas estiverem ocupadas com construções, os deslizamentos podem causar desastres de grandes proporções.

Existem encostas consideradas áreas de risco, ou seja, áreas em que podem ocorrer deslizamentos, por isso a ocupação delas é proibida.

**5.** Na sua opinião, por que, na maioria das vezes, as enchentes e os deslizamentos de terra prejudicam as pessoas mais pobres? ORAL

# Gente que faz!

## A vegetação nas encostas

Para verificar como a vegetação atua nas encostas de morros, você vai fazer uma experiência em grupo.

### Materiais

- Duas caixas retangulares (exemplo: caixas de camisa)
- Plástico para forrar as caixas
- Terra vegetal
- Alpiste
- Caixas de fósforos vazias
- Regador

Ilustrações: Marcio Luiz de Castro

### Etapa 1

Forrar as caixas com o plástico.

### Etapa 2

Colocar terra em uma das caixas e semear o alpiste.

### Etapa 3

Regar a terra todos os dias.

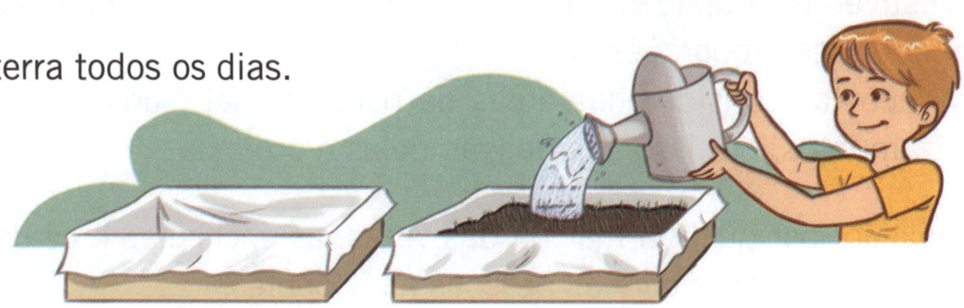

### Etapa 4

Quando as plantas já estiverem crescidas, é hora de preparar a segunda caixa. Colocar a terra e fincar nela as caixas de fósforos, como se elas fossem construções.

Ilustrações: Marcio Luiz de Castro

### Etapa 5

Inclinar as caixas, como mostrado na ilustração.
Observe que as caixas representam duas encostas de morros: uma com vegetação e outra com construções e sem vegetação.

### Etapa 6

Jogar água com o regador nas duas caixas e observar o que acontece.

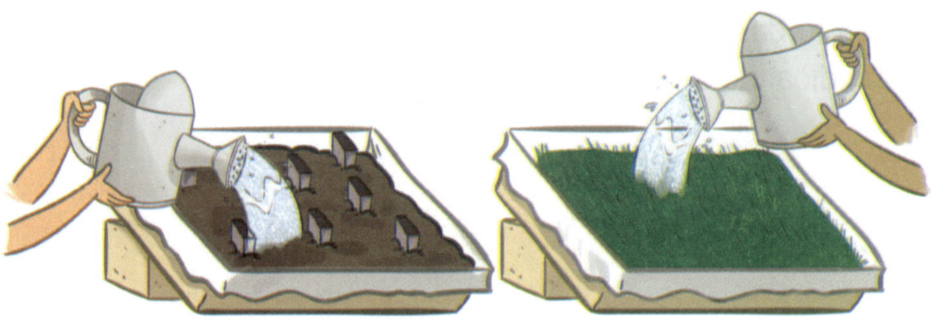

### Etapa 7

No caderno, fazer um desenho das caixas após a água ter sido jogada.

### Etapa 8

Registrar no caderno as observações respondendo às perguntas.

a) Em qual caixa o deslizamento de terra foi maior?

b) O que ocorreu com as caixas de fósforos?

c) O que explica a diferença entre os deslizamentos de terra nas duas caixas?

# Atividades

1. Observe a fotografia. Depois, responda às questões.

Rogerio Reis/Tyba

Casa com cisterna em sítio localizado em área rural do município de Flores, no estado de Pernambuco, em 2013. A cisterna, ou cacimba, é um reservatório de águas pluviais (águas das chuvas), que são reutilizadas para consumo e irrigação.

a) Qual a importância da cisterna para as pessoas que vivem nesse sítio?

_______________________________________________

_______________________________________________

b) O clima tem grande influência na produção agrícola. Que outro elemento natural influencia a agricultura?

_______________________________________________

2. Destaque da página 3 do **Material Complementar** as imagens de técnicas que diminuem o impacto da natureza na agricultura. Cole-as no espaço abaixo e escreva uma legenda, indicando a função de cada técnica.

| | |
|---|---|
| | |

_______________________ _______________________

_______________________ _______________________

_______________________ _______________________

**3.** Observe as ilustrações e depois escreva o que aconteceu.

Ilustrações: Paulo Manzi

**4.** Sobre as enchentes nas cidades, escreva **V** para verdadeiro e **F** para falso:

- [ ] O problema das enchentes não pode ser controlado pelas pessoas.
- [ ] As enchentes podem ser controladas com algumas medidas, como o aumento de áreas verdes nas cidades.
- [ ] As construções e o asfaltamento de ruas fazem que as águas se acumulem na superfície, provocando enchentes.
- [ ] As áreas verdes nas cidades agravam ainda mais o problema das enchentes.
- [ ] Nas grandes cidades, as enchentes ocorrem mesmo quando não há chuvas.
- [ ] Construir casas e prédios nas margens dos rios contribui para o fim dos problemas relacionados com as enchentes.

**5.** Observe as ilustrações. Depois, anote o número da figura correspondente a cada informação.

Ilustrações: Paulo César

- [ ] Encosta de morro com vegetação antes do deslizamento.
- [ ] A construção de moradias na encosta contribuiu para o deslizamento de terra.
- [ ] Processo natural de deslizamento de terra.

**6.** Faça um desenho para representar como a vegetação ajuda a evitar enchentes e deslizamentos. Depois, mostre-o para os colegas.

7. Observe a fotografia.

David Litschel/Alamy/Latinstock

Vista das cataratas no município de Foz do Iguaçu, no estado do Paraná. Fotografia de 2012.

a) Como é a paisagem retratada?

______________________________________________

______________________________________________

b) Que atividade econômica é favorecida por essa paisagem?

______________________________________________

______________________________________________

## Ampliando horizontes...

### site

*Instituto Chico Mendes (Parques e florestas nacionais)*. Disponível em: <www.icmbio.gov.br/portal/o-que-fazemos/visitacao/parques.html>. Acesso em: março de 2015.

Nesse *site* você encontra informações sobre ambientes naturais preservados, como os parques nacionais do Caparaó, em Minas Gerais, dos Lençóis Maranhenses, no Maranhão, e muitos outros parques e florestas do Brasil.

### vídeo

*Globo Rural: cisterna-calçadão*. Disponível em: <www.caatinga.org.br/reportagem-globo-rural-sobre-cisternas-calcadao>. Acesso em: março de 2015.

A reportagem mostra como a construção de cisternas beneficiou os pequenos agricultores do sertão nordestino.

# rede de ideias

## Desastres naturais ou humanos?

Biry Sarkis

Disponível em: <http://noticias.r7.com/brasil/noticias/brasil-sofre-cerca-de-1-300-desastres-naturais-por-ano-20120914.html>. Acesso em: março de 2015.

No Brasil não ocorrem constantes e intensos terremotos. No entanto, ocorrem outros desastres naturais.

1. De acordo com a notícia, quais são os principais desastres naturais que ocorrem no Brasil?

2. Os desastres naturais danificam plantações, áreas de criação animal e ocupações humanas. Cite um exemplo de como as consequências de um dos desastres naturais poderiam ser evitadas ou reduzidas.

**3** Observe os gráficos e o mapa e faça o que se pede.

## BRASIL – Principais desastres naturais (de 1991 a 2010)

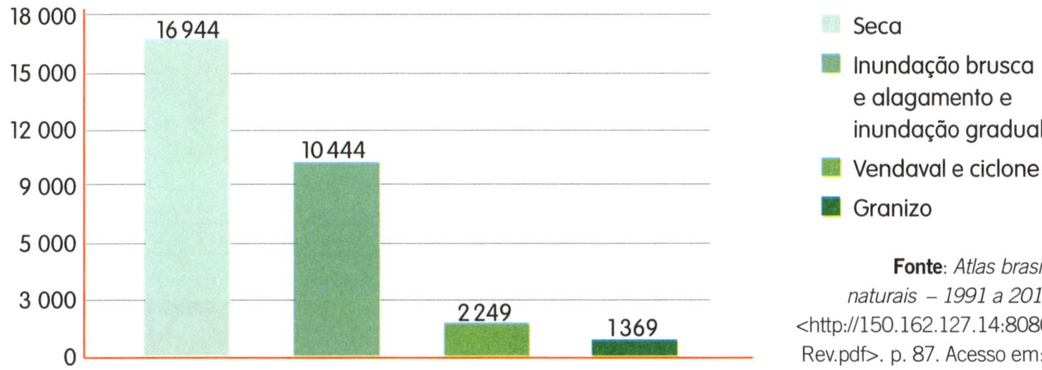


**Fonte**: *Atlas brasileiro de desastres naturais – 1991 a 2010*. Disponível em: <http://150.162.127.14:8080/atlas/Brasil%20Rev.pdf>. p. 87. Acesso em: janeiro de 2015.

## BRASIL – Seca por região (de 1991 a 2010)

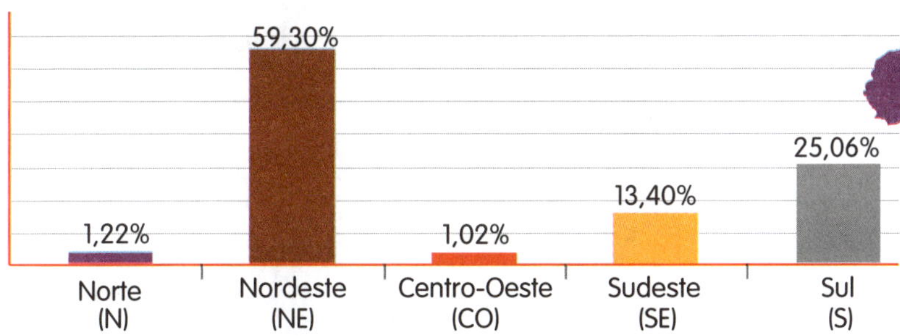


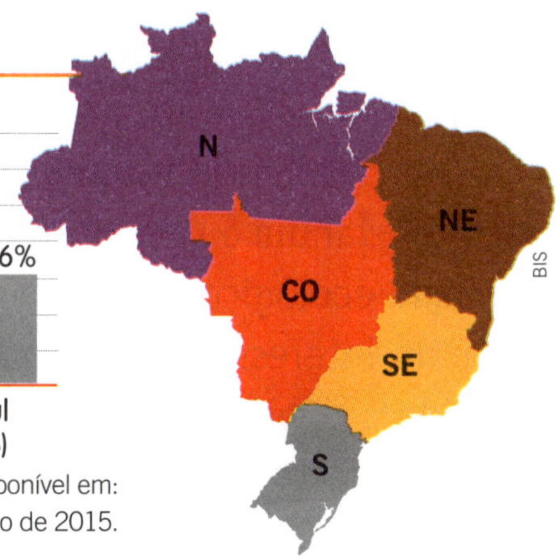


**Fonte**: *Atlas brasileiro de desastres naturais – 1991 a 2010*. Disponível em: <http://150.162.127.14:8080/atlas/Brasil%20Rev.pdf>. p. 35. Acesso em: janeiro de 2015.

**a)** Qual foi o desastre natural mais frequente entre 1991 e 2010 no Brasil?

______________________________

**b)** Quantas ocorrências foram registradas nesse período? ______________

**c)** Em qual região brasileira ocorreram mais períodos de seca?

______________________________

**d)** Que elemento natural está relacionado à seca?

______________________________

**4** Pesquisem notícias de desastres naturais ocorridos no município ou na Unidade da Federação onde vocês vivem. Procurem saber: GRUPO

- o local em que ocorreu e quando ocorreu;
- as consequências desses desastres para a vida das pessoas.

Conversem com o professor e os colegas sobre como esses problemas poderiam ser evitados.

# QUAL É A PEGADA?

**preservação**

## O turismo ecológico

Leia a notícia.

### Turismo ecológico é boa opção para as férias

[...]

"As crianças já vieram sabendo que Brazlândia é um ponto de turismo ecológico. Então, elas já ficaram interessadas", conta a servidora pública M. Y.

A fazenda ecológica foge ao habitual roteiro deles nas férias. "Ir pra academia e jogar bola, mas o ecoturismo nunca fiz, é a primeira vez. E estou animado, com certeza", diz o estudante W. K.

[...]

Caminhar pelo cenário ecológico é algo bem inusitado pra eles. A temperatura é alta, mas não dá pra sentir calor quando chegam perto das piscinas naturais. E se o caminho é cheio de pedras, subidas e mato é só pensar que a cada fim de trilha há sempre uma cachoeira escondida.

[...]

**Fonte**: Turismo ecológico. Produzido por Flavio Paiva/Reportagem Renata Costa © Chapada Imperial. Brasília (DF). Brasil, 2010.

Edilson Rodrigues/CB/D.A Press

O turismo ecológico, ou ecoturismo, inclui atividades como arvorismo (percurso feito entre as copas das árvores), montanhismo (subida em montanhas por escalada ou caminhada) e *rafting* (descida com botes em corredeiras), entre outras. Na fotografia, jovens praticando arvorismo na Chapada Imperial, em Brasília, no Distrito Federal, em 2011.

1. O que as crianças citadas na notícia costumam fazer nas férias?

______________________________________________

______________________________________________

2. Que elementos naturais atraem os turistas para Brazlândia?

______________________________________________

______________________________________________

3. Na sua opinião, o que atrai as pessoas a fazerem turismo ecológico?

______________________________________________

______________________________________________

______________________________________________

______________________________________________

O ecoturista, como é chamado o turista que faz turismo ecológico, busca o contato e a convivência com a natureza. Ele geralmente se interessa em saber a localização e o nome dos animais, das plantas, dos rios e das cachoeiras. Observe a fotografia.

Ernesto Reghran/Pulsar Imagens

Na fotografia, turistas em jangada observam o refúgio do peixe-boi no rio Tatuamunha, no município de Porto das Pedras, no estado de Alagoas, em 2013.

4. O turismo ecológico pode ser feito em muitos lugares do Brasil e o ecoturista deve ter a preocupação de não degradar o lugar visitado. Na sua opinião, que atitudes são importantes ao fazer turismo ecológico?

Palê Zuppani/Pulsar Imagens

Nesta fotografia, um guia turístico observa as formações rochosas no Baixão do Canoas da Serra Vermelha, no município de São Raimundo Nonato, no estado do Piauí, em 2010.

5. Você já fez turismo ecológico? Que lugar(es) você visitou? O que mais chamou a sua atenção nesse lugar? Conte como foi essa experiência aos colegas e ao professor.

6. Pesquisem lugares de seu município que podem receber turistas interessados em conhecer a natureza local. Mesmo nas cidades, podem existir locais interessantes para visitar, como parques e reservas ecológicas. Procurem estas informações sobre o lugar. GRUPO

- Localização: endereço e como se chega lá.
- Dias e horários de visitação.
- Atrativos: que atividades podem ser feitas no local.

Façam um folheto com as informações e imagens pesquisadas a fim de divulgar a localidade para os outros colegas.

# Ligados.com Geografia 4

Angela Rama
Marcelo Moraes Paula

# Material Complementar

Editora Saraiva

## Unidade 6 – página 104 – atividade 7

## Unidade 8 – página 136 – atividade 2

Rubens Chaves/Pulsar Imagens

Plantação de soja irrigada artificialmente, no município de São Gonçalo do Abaeté, MG, em 2014.

Fabio Colombini

Horta em estufa no município de Poços de Caldas, MG, em 2014.

## Unidade 5 – páginas 74 e 75 – abertura – questão 3

Thinkstock/Getty Images

Thinkstock/Getty Images

Du Zuppani

Thinkstock/Getty Images

## Unidade 5 – página 83 – atividade 4

Ilustrações: Alberto de Stefano

# Unidade 3 – página 52 – atividade 6

Cesar Diniz/Pulsar Imagens

Parada de ônibus no município de São Paulo, SP, em 2011.

Marcos Vicentti/Futura Press

Rua alagada no município de Rio Branco, AC, em 2015.

Helvio Romero/DPA/Corbis/Latinstock

Aeroporto no município de São Paulo, SP, em 2012.

## Unidade 3 – página 49 – atividade 5

Ilustrações: Nid Arts

Não conte seu endereço, telefone, nome da escola onde estuda, nem divulgue suas fotos na internet.

Não participe de comunidades virtuais do tipo: "Eu odeio fulano". Todos devem ser livres para expressar suas ideias, mas com responsabilidade.

Cuidado ao conversar com desconhecidos: no mundo virtual as pessoas podem não ser o que dizem.

Ao fazer pesquisas, registre sempre o nome dos autores e *sites* consultados.

Não passe tempo demais na internet. A convivência com outras pessoas e as atividades físicas são muito importantes para a saúde.

# Unidade 3 – página 48 – Capítulo 2

Hagaquezart estúdio

## Unidade 2 – página 37 – atividade 5

Ilustrações: Alberto de Stefano

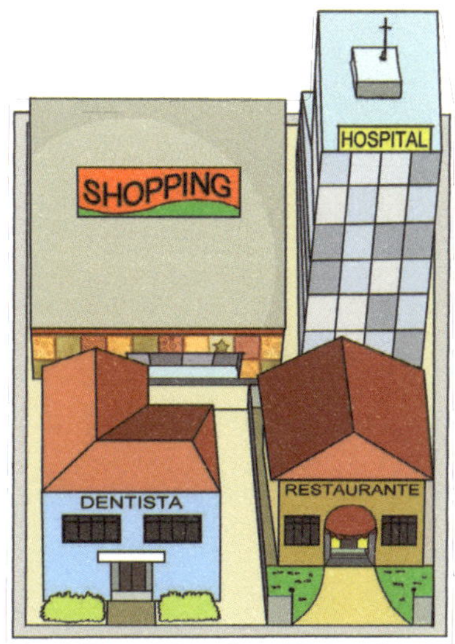

## Unidade 2 – página 37 – atividade 5

Ilustrações: Alberto de Stefano

# Adesivos

## Unidade 1 – página 14 – atividade 2

NOROESTE

NORDESTE

SUDOESTE

SUDESTE

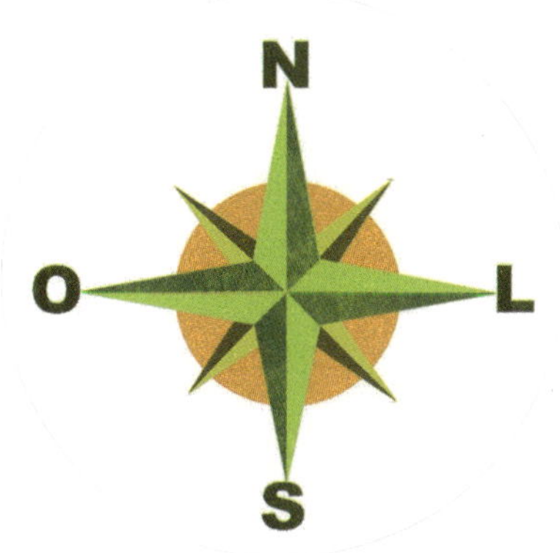


## Unidade 5 – página 84 – atividade 1

Fotografias: Thinkstock/Getty Images

Laranjas

Leite

Areia

Carne bovina

Espigas de milho

Castanhas-do-pará

Açaí

Funky Stock – Paul Williams/ Alamy/Diomedia

Pedras

Fernando Favoretto/ Criar Imagem

## Unidade 8 – páginas 126 e 127 – abertura